A VIVÊNCIA E A INVENÇÃO
na palavra literária

Editora Humanitas

Presidente
Mario Miguel González
Vice-presidente
Marco Aurélio Werle

Universidade de São Paulo
Faculdade de Filosofia, Letras e Ciências Humanas

Diretor
Gabriel Cohn

Humanitas
Rua do Lago, 717 – Cid. Universitária
05508-080 – São Paulo – SP – Brasil
Tel.: 3091-2920 / Telefax: 3091-4593
e-mail: editorahumanitas@usp.br
http://www.editorahumanitas.com.br

Direção-geral
Flávia Reginatto

Paulinas
Rua Pedro de Toledo, 164
04039-000 – São Paulo – SP (Brasil)
Tel.: (11) 2125-3549 – Fax: (11) 2125-3548
e-mail: editora@paulinas.com.br
http://www.paulinas.org.br
Telemarketing e SAC: 0800-7010081

Proibida a reprodução parcial ou integral desta obra por qualquer meio eletrônico, mecânico, inclusive por processo xerográfico, sem permissão expressa do editor (Lei n. 9.610, de 19.02.98).

Foi feito o depósito legal na Biblioteca Nacional (Lei n. 1.825, de 20/12/1907)
Impresso no Brasil / Printed in Brazil
Setembro 2008

A VIVÊNCIA E A INVENÇÃO
na palavra literária

Cleide da Costa e Silva Papes

HUMANITAS

Copyright ©2008 Cleide da Costa e Silva Papes

Serviço de Biblioteca e Documentação da Faculdade de Filosofia,
Letras e Ciências Humanas da Universidade de São Paulo

P214	Papes, Cleide da Costa e Silva
	A vivência e a invenção na palavra literária / Cleide da Costa e Silva Papes. — São Paulo: Editora Humanitas; Paulinas, 2008.
	184 p.
	Originalmente apresentada como Tese (Doutorado) – Faculdade de Filosofia, Letras e Ciências Humanas da Universidade de São Paulo, 1994, sob o título "A vivência e a invenção no cotidiano em Rosa, minha irmã Rosa (Alice Vieira e O sofá estampado (Lygia Bojunga)", 2002.
	ISBN 978-85-7732-064-6 (Humanitas)
	ISBN 978-85-3562-220-1 (Paulinas)
	1. Literatura (aspectos sociais) 2. Criação literária 3. Literatura infantil (crítica e interpretação) 4. Alice Vieira (1943-) 5. Lygia Bojunga (1932-) I. Título

CDD 801.3

HUMANITAS

Editor responsável
Prof. Dr. Mario Miguel González

Coordenação editorial
Mª. Helena G. Rodrigues – MTb n. 28.840

Projeto gráfico
Selma M. Consoli Jacintho – Mtb n. 28.839

Diagramação
Walquir da Silva – MTb n. 28.841

Revisão
Lilian Abigail Melo de Aquino

PAULINAS

Editora responsável
Maria Alexandre de Oliveira

Produção de arte da capa
Telma Custódio

Imagem da capa
BOTTICELLI, Sandro.
A Virgem e o Menino com cinco anjos (A virgem do Magnificat), 1480-81.
Têmpera sobre madeira, Florença.

Agradecimentos

AGRADECER ÀS PESSOAS que contribuíram para a realização deste trabalho expressa apenas parcialmente o meu reconhecimento, dado o valor que representam em minha vida.

A Carlos, meu marido, que me acompanha, me incentiva ao estudo e compreende a importância de minha busca;

a meus filhos, preciosos presentes de Deus, Antonio Carlos e Fábio, que valorizaram cada momento de minha caminhada e orientaram muitos dos passos na pesquisa acadêmica;

à minha nora Juliana, pelo seu valor de filha;

a meu pai, Walter, que desde a infância despertou em mim o espírito especulativo com seu modelo de leitor e pesquisador;

a meu irmão Walter, companheiro nas horas difíceis e nas horas de vitória;

à minha irmã Mari, pelo seu amor, por sua ajuda, por sua bondade;

a meu irmão Fernando, meu primeiro afilhado, que sempre vibrou com as minhas idéias e as transformou em ricas imagens comunicativas através da informática;

à minha irmãzinha Mônica, pelo seu caloroso reconhecimento às minhas conquistas e pelos esclarecimentos na pesquisa historiográfica;

aos meus irmãos-família: Leni, Ari, Cláudia, Zilá e Cláudio, por estarem sempre ao meu lado em afetuoso convívio;

à minha irmã-amiga, Neusa, companheira em todos os sonhos e realizações;

a meus tios Nico e Otília (*in memorian*), Élvio e Celeste, que me receberam com carinho e tornaram possível o meu estudo na Universidade;

a meus primos, por sua amizade e dedicação;

a meus sobrinhos Júlio César e Roberta, Vivian e Paloni, Luciana e Júnior, Gustavo, Giulliana, Bianca, Débora, Jairo, Lucas, Guga e os nenês, meus amores Felipe e Fabrício e Pedro, que tanto alegram a minha vida com suas idéias, sua juventude, suas graças de criança;

a minhas afilhadas, Mônica e Fabiane, pelo seu carinho;

à minha Oma, Frau Stein, que me fortalece com seu amor;

a meu eterno professor, Carlos Franchi, que me mostrou a fonte inesgotável do saber para a construção permanente do conhecimento;

à minha amiga de sempre, Glória Novak, que me encaminhou no início da vida universitária;

à minha amiga Tereza Isabel de Carvalho, por ter me encorajado ao trabalho de pesquisa na pós-graduação;

à minha amiga Vera Lúcia Batalha de Siqueira Renda, pela iluminação na fase final deste trabalho;

às minhas amigas Izilda e Joceli Saraiva de Souza, pela paciência de decifrar meus manuscritos;

ao meu amigo Júlio César Garcia, pela revisão do texto e por enriquecer minha bagagem com suas leituras e idéias;

à minha amiga Gláucia Luiz, pela revisão do texto, pelo auxílio na procura das fontes de pesquisa, por suas idéias e críticas;

à Sônia Maria Luchetti, do Serviço de Biblioteca e Documentação da FFLCH / USP (Biblioteca Central), pelos esclarecimentos quanto às normas técnicas para a elaboração do trabalho de pesquisa;

à Ilse Dauch, pela tradução do texto em alemão;

a todos os meus amigos que me incentivaram a este trabalho e sempre vibraram com as minhas conquistas;

à escritora, professora e amiga Lúcia Pimentel Góes, por acreditar nos meus projetos e incentivar o meu estudo e o meu trabalho com a Literatura Infanto-Juvenil;

à minha orientadora, minha mestra, Profa. Dra. Nelly Novaes Coelho, que fez dos meus momentos de dificuldade e pesquisa um caminho de superação e de elevada construção;

a Deus que, de todas as formas, permitiu esta trajetória de ser e de viver.

Para minha mãe, Nena,
que está sempre a meu
lado, iluminando
o meu caminho.

Sumário

Prefácio	13
Introdução	15
O cotidiano	17
O homem no cotidiano	23
A casa	39
O nome	97
As mãos	125
A palavra literária	149
As autoras	155
Bibliografia	165
Apêndices	171

Prefácio

> *A cultura é como a atmosfera, não se vê, não se
> apalpa e contudo é impossível viver fora dela e
> continuar pertencendo à humanidade.*
>
> (José Saramago – Prêmio Nobel)

É LIDA ATRAVÉS desta ótica – a de que inevitavelmente vivemos imersos na atmosfera cultural do nosso tempo –, que se destaca, com mais nitidez, a essencialidade das leituras analítico-críticas, desenvolvidas por Cleide Papes, neste *A vivência e a invenção na palavra literária*.

Empenhando-se na análise da problemática-base de duas obras-chave da Literatura destinada aos adolescentes – *O sofá estampado*, de Lygia Bojunga Nunes (Brasil), e *Rosa, minha irmã Rosa*, de Alice Vieira (Portugal) –, Cleide acabou por iluminar todo o invisível processo por meio do qual se formam as mentes, no âmbito da sociedade. Formação que sabemos muito lenta, e que se dá, de maneira inconsciente em cada indivíduo, a partir do tipo de Mentalidade que, de mil meios, o contexto social lhe oferece como "verdade". E assim, esta se impõe a todos como "paradigma" do certo/errado, até que novas "verdades" surjam para contestá-la.

É nesse interregno (entre "verdades" superadas e "verdades" emergentes) que se insere este nosso tempo-em-mutação, tomado como "linha de horizonte", contra a qual o presente estudo foi realizado.

Para além do ludismo, da leveza narrativa, do alto grau de literariedade e de emoção que as alimentam, ambas as obras são desvendadas, pela leitura crítica aqui feita, como contundentes denúncias, não só da deterioração de antigas verdades herdadas, mas principalmente da perversidade latente ou patente na Mentalidade que hoje, neste ciberespaço belo/horrível, está difundindo novas e falsas verdades. Aquelas que (substituindo o Ser pelo Ter) vêm sendo forjadas pelos multimídias e pela lei do mercado, que hoje governa o mundo, como Ideais Absolutos, propostos como suprema realização humana. Perversidade e falsidade que, em última análise, tornam os seres cada vez mais isolados e alienados, no espaço do cotidiano, onde realmente a vida se cumpre.

Por sua minuciosa, arguta e bem alicerçada leitura analítica das obras em questão, Cleide Papes oferece, neste estudo, um fecundo caminho para a conscientização das urgências de nosso tempo de mudanças profundas:

— a urgência de se redescobrir a Literatura, como amálgama verbal de experiências de vida;

— a urgência de conscientização do *eu* em relação solidária com o *outro*, como partes essenciais do Todo e responsáveis pelo evoluir da Humanidade;

— a urgência de se descobrir que é da palavra do homem (já que a de Deus foi posta em dúvida pela Ciência), que a Nova Ordem a vir será nomeada;

— a urgência de se adequar a Nova Educação aos novos valores da nova vida em gestação.

Essa é a Nova Utopia, para a qual este trabalho aponta ...

Nelly Novaes Coelho
(Universidade de São Paulo)

Introdução

> Ao aproximar-se o ponto de mutação
> a compreensão de que mudanças evolutivas
> [...] não podem ser impedidas por
> atividades políticas a curto prazo
> fornece a nossa mais robusta esperança no futuro.
>
> (Fritjof Capra)

UM GRANDE VAZIO projeta-se à nossa frente, na perspectiva do horizonte em que depositamos as imagens ideais para a realização de sermos livres e felizes. Esse panorama se deve ao desmoronamento dos valores sólidos e significativos que antes sustentaram as certezas, a fé e a esperança, acarretando uma profunda desorientação em nossos caminhos, reforçada e acentuadamente marcada pela ilusão vertiginosa das vantagens de conforto materialista trazidas pelo progresso tecnológico.

Levados por uma forte persuasão, acabamos enredados na teia da proposta capitalista, intencionalmente armada para nos desviar de nosso cerne e dos nossos sonhos, relegar-nos ao esquecimento, desvalorizados em nossa condição humana.

Acomodando-se num bem-estar aparente e artificial, a maioria das pessoas distancia-se do caminho ao encontro de sua essência,

A VIVÊNCIA E A INVENÇÃO NA PALAVRA LITERÁRIA

de sua identidade, esforçando-se voluntariamente por fazer parte de uma estrutura aprisionante. Segundo Berman,[1] "não só a sociedade moderna é um cárcere, como as pessoas que aí vivem foram moldadas por suas barras; somos seres sem espírito, sem coração, sem identidade sexual ou pessoal – quase podíamos dizer: sem ser". Completa adiante que "o homem moderno como sujeito – como ser vivente capaz de resposta, julgamento e ação sobre o mundo – desapareceu".

Do esvaziamento de suas ações e das relações com o outro, a conseqüência é o desaparecimento do próprio homem, como agente de sua história, alimentando-se cada vez mais de inutilidades rumo ao aniquilamento. Nada restará a ele tecer ou construir, pois tudo já lhe chega pronto, ardilosamente arquitetado.

Dessa forma, o vazio do futuro jamais será preenchido, havendo apenas estilhaços dos seres, esfacelados ou pulverizados de sua totalidade, no restolho de sua existência. É preciso recuperar todos os pedaços espalhados no caos da indiferença e da desumanização e reorganizá-los no todo novamente, recuperar a coragem de construir outros valores e reassumir o controle sobre as contradições e absurdos que desnortearam os empreendimentos da luta de cada dia.

Essa é a tarefa, a reinvenção da realidade com todas as estratégias de sobrevivência e criatividade, que faz do cotidiano um percurso de superação que nos eleva da facticidade terrena e nos propele ao plano cósmico e universal. Dessa força inventiva que nos faz sempre prosseguir, verdadeiramente só a palavra literária é capaz de expressar; sendo ela criadora e plurissignificativa, está constantemente a falar da vivência e da invenção humana em todos os tempos. Ela contém a chama renovadora da arte, corda vibrante para acordar e reacender a anima que há de iluminar a escuridão materialista e transformar o mundo dos homens.

---

[1] BERMAN, Marshall. *Tudo que é sólido desmancha no ar.* Trad. Carlos Felipe Moisés e Ana Maria L. Ioriatti. São Paulo: Companhia das Letras, 1996, p. 27.

O Cotidiano

*O cotidiano é aquilo que nos é dado cada
dia (ou que nos cabe em partilha), nos
pressiona dia após dia, nos oprime, pois
existe uma opressão do presente. Todo dia,
pela manhã, aquilo que assumimos, ao
despertar, é o peso da vida, a dificuldade
de viver, ou de viver nesta ou noutra
condição, com esta fadiga, com este desejo.
O cotidiano é aquilo que nos prende
intimamente, a partir do interior. É uma
história a meio-caminho de nós mesmos,
quase em retirada, às vezes velada.*

(Michel de Certeau)

ANALISAR O COTIDIANO IMPLICA estender um amplo olhar sobre a vida diária, alcançando os homens pelos diversos níveis sociais, de forma generalizada ou nitidamente separados em classes, encontrando-os, às vezes, ocultos nos interstícios de cada camada, outras tantas, compondo uma grande rede de caminhos emaranhados pelos seus passos, paralelos, superpostos, entrecruzados ou desencontrados.

Confere também serem complexos os grupos de uma comunidade social, pelas múltiplas individualidades de que é formada e pela visão de mundo de cada época, além de variar no imaginário de cada povo, nas influências externas, levando-se em conta ainda a complexidade da vida urbana, a movimentação específica de cada região e a diversidade cultural de cada país. Trata-se de uma tarefa longa e detalhista, talvez interminável, se considerarmos as condições de mutabilidade no tempo e no espaço, com todas as táticas de enfrentar a ventura-desventura de viver o dia-a-dia, que o olhar mais aguçado não conseguiria apreender.

Neste trabalho, enfocamos a problemática da vida cotidiana – sem dúvida um dos espaços humanos mais atingidos pelas mudanças em curso no mundo – e levantamos o valor existencial da casa e do cotidiano como o espaço revelador da vida autêntica do homem, escolhendo como *corpus* deste texto os livros *Rosa, minha irmã Rosa* e *O sofá estampado*, respectivamente na obra de Alice Vieira (Portugal) e Lygia Bojunga (Brasil). Ambos destinados ao público adolescente, desenvolvem suas tramas dentro da vida cotidiana familiar, mas diferenciando-se entre si pelo tratamento realista e fantasista adotado em cada um deles.

Outros títulos na criação das referidas autoras são tratados ao longo da análise para fundamentar e comprovar o tema, abordado no que se refere à recuperação dos homens em sua luta constante a fim de atingir sua identidade e a sua valorização como um sujeito que supera a grelha determinista da ação social para depois interagir no mundo e transformar a realidade. Nesse ponto, é importante definir o termo *homem* e, ao mesmo tempo, delimitar o recorte deste cotidiano em que incidem a análise e a pesquisa.

Referimo-nos ao homem comum, em sua labuta incansável, focalizando o herói anônimo que age pela sua sobrevivência; e o indivíduo da classe média e média alta que persegue a acumulação material no universo do TER. Compartilhando da mesma caminhada, pertencem ao mundo atual mas encontram-se em níveis sociais opostos, contrastando na forma de vida, nas oportunidades, incluindo moradia, alimentação, saúde e educação. Em posições opostas, de superioridade ou inferioridade, privilegiados ou desfavorecidos, dominantes ou dominados, sofrem todos a mesma opressão do tempo e do espaço em detrimento do SER.

Ressaltamos o homem do dia-a-dia em busca de superar o anonimato e a facticidade com sua criatividade, suas "maneiras de fazer", com várias estratégias articuladas sobre os detalhes do cotidiano, transformando o espaço e o tempo, ou as formas de viver, para preencher o vazio das ações e das deformações da vida social.

Embora o cotidiano se refira a nossa labuta diária para vencer o pesadume da vida, enfrentando os obstáculos e resolvendo muitas situações adversas, está muito mais ligado ao nosso interior no sentido de nos sentirmos obrigados a sempre resgatarmos de dentro de nós mesmos a força necessária para empreender esta tarefa.

É fato que existe uma pressão do tempo real a ser dispensado nesta luta que nem sempre coincide com o tempo interior de cada pessoa, assim como também o dia-a-dia se equaciona dentro de um espaço que dominamos e moldamos a nossa existência. O traçado do cotidiano, entretanto, desenha-se a partir de nós mesmos, de acordo com o nosso empenho e nossa criatividade para vivenciá-lo com uma incrível variedade de práticas inventivas, que nos fazem superar situações de intensa dificuldade, à primeira vista, intransponível para qualquer ser humano.

O historiador francês Jacques Le Goff [1] aponta o cotidiano no seio da ciência histórica como "pequena história", nascida do desejo de encontrar um contraponto para os fastos da "grande história", da tendência para dar um lugar na história aos "homens sem qualidade". Uma nova postura de investigação científica e interesses em recuperação integral do passado, além do encontro da história com a tecnologia, encaminharam os estudos para o cotidiano, inserindo na História os lugares-comuns e a sensibilidade difusa na sociedade para tratar dessa questão.

---

[1] LE GOFF, Jacques et al. *História e nova história*. 3. ed. Trad. Carlos da Veiga Ferreira. Lisboa: Teorema, [19 I -], p. 87.

A VIVÊNCIA E A INVENÇÃO NA PALAVRA LITERÁRIA

Segundo esse estudioso, "a expansão da cultura de massas contribui para aumentar os atractivos do estudo do cotidiano". Vindo equilibrar "o interesse pela cultura material, a moda das histórias das mentalidades fez subir ao trono a psicologia colectiva",[2] dirigindo a atenção para a contraface e a interface da sociedade, até então excluídas ou excêntricas das investigações historiográficas. Nas palavras de Le Goff:

> O quotidiano [...] revela-se como um dos lugares privilegiados das lutas sociais [...]. No seio do quotidiano há uma realidade que se manifesta de forma completamente diferente do que acontece nas outras perspectivas da história: a memória. [...] A história do quotidiano revela-nos o sentimento de duração, nas colectividades e nos indivíduos, o sentimento daquilo que muda, bem como daquilo que permanece. [...] A história do quotidiano é uma visão autêntica da história porque representa uma das melhores formas de abordagem da história global, na medida em que atribui a cada actor e a cada elemento da realidade histórica um papel, no funcionamento dos sistemas, que permitem decifrar essa realidade.[3]

A História das Mentalidades, a partir dos anos de 1960, introduz uma nova noção na historiografia francesa para qualificar uma abordagem que não centraliza nem as idéias e nem os fundamentos socioeconômicos das sociedades. Revela antes de tudo o pensamento comum entre os homens de um tempo, o cotidiano, aquilo que escapa aos sujeitos individuais da história, "a mentalidade", segundo Chartier,[4] "sempre coletiva que rege as representações e juízos dos sujeitos sociais, sem que estes o saibam". A atenção volta-se para os pensamentos e os gestos coletivos e para novas questões estranhas à história social, preocupada anteriormente com a hierarquização dos grupos constitutivos de uma sociedade.

[2] Ibidem, p. 89.

[3] Ibidem, p. 94-6.

[4] CHARTIER, Roger. A história cultural. Trad. Maria Manuela Galhardo. Rio de Janeiro: Bertrand, 1990, p. 41.

O COTIDIANO

Neste tratamento entram as diferenças, as múltiplas individualidades, vários procedimentos diários nas "artes de fazer", as inúmeras maneiras de negar a ordem estabelecida e o estatuto da lei, com formas conjuntas de organizar o espaço e dominar o tempo. Na construção da história do cotidiano, o historiador busca as chaves das estratégias comunitárias, dos sistemas de valor, das organizações coletivas, de todas as condutas que constituem uma cultura rural ou urbana, popular ou elitista: a vida do trabalho, a família, as idades da vida, a educação, o sexo, a morte.

Trazendo o homem comum para o discurso histórico, registra-se o fazer de uma coletividade nos modos de proceder da criatividade cotidiana, nas artes de morar, cozinhar, nas formas de comunicação (falar, conversar, ler, escrever), nas crenças, nos costumes, nos rituais familiares, na organização e reorganização dos espaços privados.

O cotidiano é a história vivida que nos entrelaça nestes espaços, que nos enrodilha nos lugares comuns e sociais, que nos oprime e impele à ação para abrirmos novos caminhos, criando novos espaços de resistência e fruição do tempo. Esse mesmo tempo de perda e da espera, da demolição e da reconstrução, dos enquadramentos e dos padrões.

Resultado da ação sempre presente do homem, o cotidiano desenha-se pelos seus passos, marcando pelo caminho a sua luta e a sua bagagem a refletir o passado através da memória e projetando o futuro pelos seus planos de vida.

Tocando o aqui e agora onde a vida se cumpre, o cotidiano denota sempre uma correlação com o tempo e o espaço nas variadas práticas e processos materiais que servem à reprodução da vida social. Nesse sentido, David Harvey,[5] discutindo a experiência do espaço e do tempo, adianta a contingência que ambos ocupam na vida dos homens, a tal ponto que "o progresso implica a conquista do espaço, a

---

[5] HARVEY, David. *Condição pós-moderna*. 5. ed. Trad. Adail Ubirajara Sobral e Maria Stela Gonçalves. São Paulo: Loyola, 1992, p. 190.

derrubada de todas as barreiras espaciais e a aniquilação [última] do espaço através do tempo", cuja redução a uma categoria contingente está implícita na própria noção de progresso.

Dentro da bibliografia consultada, o livro *A invenção do cotidiano*[6] redimensionou a análise e apontou novas direções para a pesquisa, uma vez que esclareceu as linhas paralelas que o homem traça ao longo de sua história: a linearidade de sua trajetória, determinada por condições de ação social, política e econômica – a inventividade com que ele reage a este determinismo, reapropriando-se do sistema de produção na intenção de vencer a trivialidade e o "mal-estar" no contexto em que se insere.

Este paralelo histórico dialético é tratado por meio da Literatura – na criação de Alice Vieira a levantar a consciência do *hoje* e a denunciar a mesmice e as frustrações a que chega o "homem ordinário" (todo mundo, cada um, nemo); na ficção de Lygia Bojunga Nunes, anunciando as transformações do *amanhã* para sobrepujar o lugar-comum e chegar à plenitude do espírito libertário.

Sendo arte, a Literatura permite discutir as vicissitudes da vida e os conflitos dos homens, pois ela marca a sua presença no mundo e fala de suas dúvidas, de seus medos, de sua revolta, de sua perplexidade, de sua miséria e de sua grandeza transformados em linguagem, que, como tal, é capaz de revelar a dimensão e a essência humanas. Aliando-se à arte, as teorias estética, social e filosófica completaram os estudos, concorrendo para a compreensão do cotidiano e da contemporaneidade.

Mais do que a vivência no cotidiano, importa neste trabalho a abordagem deste cotidiano nas perspectivas que a literatura abre ao seu destinatário, enquanto homem e leitor, para recuperar-se das condições deterministas de cada dia vivido e transcender a realidade através da arte.

---

[6] CERTEAU, Michel de. *A invenção do cotidiano*. 2. ed. Trad. Ephraim Ferreira Alves. Petrópolis: Vozes, 1996, v. I.

O homem no cotidiano

Somos a diferença [...] nossa razão é a
diferença dos discursos, nossa história
é a diferença das épocas, nossos eus são
a diferença das máscaras. Essa diferença,
longe de ser a origem esquecida e recuperável,
é a dispersão que somos e fazemos.

(Michel Foucault)

QUE ESTRANHA FORÇA leva as pessoas a empreenderem a luta diária, deixando para trás o cansaço e as frustrações para enfrentarem novamente mais desafios e mais obstáculos na conquista *de outro dia?* Que horizonte se descortina à frente de modo a jamais cessarem a caminhada, interrompendo-a por pouco tempo e sempre continuando, com renovadas força e coragem?

Não se trata, na verdade, de nenhuma força estranha, certamente esta é a força do ser humano, de ser gente, em incessante busca para atingir o horizonte de liberdade e felicidade que o faz avançar, lutar e prosseguir na aventura diária. Inexorável viagem de todas as pessoas, enlaçadas na grande tessitura da vida, seus pés marcam os caminhos do mundo em trajetória nem sempre linear, variavelmente circular e ascendente, sempre à procura da Perfeição: Deus, uma energia superior, ou outra força além da pequenez humana que lhes é inerente.

Participa dessa caminhada uma multidão de heróis, cada qual carregando seu fardo e seus sonhos, homens comuns, heróis do cotidiano, vencendo por si mesmos todos as barreiras e também as próprias limitações, para despertar com a esperança de um novo dia, perseverando nos seus ideais e no seu esforço.

Heróis são estes homens que perdem rostos e nomes no meio de uma multidão móvel e contínua, reiterando sua ação de reagir às adversidades e de modificar o meio em que vivem. Nem deuses, nem mágicos, são gente comum, num fazer constante, desde tempos remotos, construindo a sua história. Tais heróis somos todos nós, "gente de carne e osso, com nódoas negras quando batemos nalgum sítio. Ninguém nos inventou nenhuma história a não ser esta que corre todos os dias desde que o despertador toca [...] até que a gente se deita e ele volta a tocar, e assim todos os dias e tardes e noites. Temos de agüentar o bom, o mau, o assim-assim, as casas velhas e as casas novas. E de nada serve esperarmos por varinhas de condão que não vêm fazer aquilo que nós não fizermos".[1]

Não se trata do homem passivo, espectador, contemplativo, contentando-se com a padronização de uma realidade simulada e com os bens culturais impostos. Falamos do homem de ação, daquele que reage e transforma, daquele que traça sua própria história. No fazer do dia-a-dia, esse herói realiza a sua invenção sobre um mundo que vem se petrificando em todos os aspectos, como se ninguém pudesse escapar ao olhar da Medusa, vencendo as pedras do caminho em uma experiência absolutamente particular, sem a intervenção de fadas, deuses ou super-homens.

Segundo Certeau,[2] "caminhante inumerável [...], este herói anônimo vem de muito longe. É o murmúrio das sociedades. De todo o tempo, anterior aos textos", apropriando-se sempre de um discurso que o faz marcar a sua passagem pela vida, como o narrador

---

[1] VIEIRA, Alice. *Lote 12, 2º frente*. Ilust. Maria Ariel. Lisboa: Caminho, 1980, p. 46.

[2] CERTEAU, Michel de. Op. cit., p. 57.

de seus próprios feitos, nomeando as coisas e o espaço que ocupa e ordena. Dessa forma, esse herói é ainda hoje o homem comum a insurgir contra uma sociedade da mídia, do espetáculo, do consumo, que apela à experimentação e ao materialismo em prejuízo do ser e da valorização da vida.

De pequenos e aparentemente insignificantes fazeres diários, e conjugados dos muitos heróis anônimos, nasce a grande invenção, combatendo o vazio e a impessoalidade do hiperespaço da grande aldeia global em que nos encontramos apanhados como sujeitos individuais. Ainda que seja difícil "fazer de nossas mãos as varinhas de condão que não existem, que não existiram nunca a não ser na imaginação das pessoas",[3] a opção para vencer a imposição e a estandardização depende de cada um de nós. Portanto, na ação despretenciosa do ser social mais fraco e oprimido confirma-se o livre arbítrio conferido ao homem para superar as dificuldades da luta diária, sobressaindo como uma parcela da grande invenção que leva uma multidão de pessoas comuns a derrotar o mundo novo da hiper-realidade e da expansão do poder econômico.

Nos procedimentos comuns de criatividade cotidiana evidenciam-se as táticas com que o homem avança, abrindo novos atalhos no meio da rede competitiva e fragmentária que intercepta o tempo em múltiplos presentes contínuos e retira-lhe as referências. Sem elas, ele não pode ordenar o espaço que ocupa, não se identifica, anula-se como o sujeito da sua história e torna-se objeto, semelhante aos artefatos fabricados para o mundo do TER.

Estratégias silenciosas preparadas por uma camada desfavorecida, social e economicamente, levantam a força contra a dominação, demarcando o lugar comum do discurso e o espaço anônimo do desenvolvimento, preparando-se para SER.

---

[3] VIEIRA, Alice. Op. cit., p. 92.

A vida contemporânea está se transformando num imenso facsímile da realidade, a simulação tomando a forma de objetos e de experiências que tendem a ser mais reais do que a própria realidade, enquanto o ser humano está relegado a mero figurante de um grande espetáculo do mundo produzido. Por esse motivo, ele precisa agir, tornar-se existente no seu fazer e rebelar-se à coisificação a que se destina em tal contexto.

No espaço de simulação, que confunde o real com o modelo, o homem desorienta-se porque o próprio real é abolido, conseqüentemente, ele perde a noção de sua individualidade e a consciência de seu compromisso dentro da coletividade. Nessa situação encontramse todos, o ser social de uma classe desfavorecida e aquele da classe mais abastada economicamente, indiferente aos outros e à vida, confesso no seu exarcebado individualismo, mas particularmente apanhado pela mesma rede padronizante. Por isso mesmo acaba sendo fruto das distorções hiper-reais que o desviam para a atrofia social, desvinculando-o de seu próprio interior e impedindo-o de estabelecer contatos interpessoais.

A transformação da realidade em imagens vazias, a fragmentação do tempo, a reificação do homem e o apelo consumista concorreram para instalar a descartabilidade, a instantaneidade que o condenam à ansiedade e à solidão. Incapaz de conhecer e reconhecer o passado e de assumir responsabilidades no presente, revela-se o herói problemático à procura degradada de valores autênticos numa sociedade igualmente degradada.

Segundo Goldmann,[4] "na vida econômica [...] toda a relação autêntica com o aspecto qualitativo dos objetos e dos seres tende a desaparecer, tanto das relações entre os homens e as coisas como das relações inter-humanas, para dar lugar a uma relação mediatizada e

---

[4] GOLDMANN, Lucien. *A sociologia do romance*. 3. ed. Trad. Álvaro Cabral. São Paulo: Paz e Terra, 1990, p. 17.

degradada: a relação com os valores de troca puramente quantitativos". Sendo obrigados a procurar toda a qualidade, todo o valor de uso, de um modo degradado, pela mediação da quantidade, do valor de troca, numa sociedade onde todo o esforço orienta-se diretamente no valor do uso, o resultado é gerar indivíduos problemáticos, sem jamais atingirem a autenticidade de seres humanos.

Para escapar de reduzir-se a qualquer mercadoria do projeto capitalista, fugindo ao fetichismo e à coisificação, o homem pode salvar-se num saber-fazer que se sobreponha à inércia da conformação para o unidimensional.

Como afirma Certeau,[5] "mede-se o ser pelo fazer", e esta ação depende de um "querer fazer", de modo que o mundo que temos é exatamente aquele que construímos. Não se justifica ficarmos esperando pelo enredo preparado para o nosso Destino. A palavra de Deus desapareceu. "Desapareceram os lugares fundados por uma palavra, perderam-se as identidades que se julgava que elas recebiam de uma palavra. É preciso guardar o luto. Agora, a identidade depende de uma produção, de uma iniciativa interminável (ou do desapego e do corte) que essa perda torna necessárias». Ainda discorrendo sobre isto, Certeau coloca:

> [...] quando se tinha certeza quanto ao locutor ('Deus fala no mundo'), a atenção se voltava para o ato de decodificar os Seus enunciados, os 'mistérios' do mundo. Mas quando esta certeza fica perturbada com as instituições políticas e religiosas que lhe davam garantia, pergunta-se pela possibilidade de achar substitutos para o único locutor. Quem falará? E a quem? Com o desaparecimento do Primeiro Locutor surge o problema da comunicação, ou seja, de uma linguagem que se deve *fazer* e não mais ouvir.[6]

---

[5] CERTEAU, Michel de. Op. cit., p. 228.

[6] Ibidem, p. 229.

A VIVÊNCIA E A INVENÇÃO NA PALAVRA LITERÁRIA

Este *fazer* confere a cada indivíduo, de todos os segmentos sociais, retomar o discurso, reassumir sua função de ser de linguagem, expressando-se nas mais variadas formas, sem deixar-se imprimir pelo texto e imagem fabricados por um sistema que é a sociedade atual. Recuperar a voz demanda voltar a ser o narrador de sua história, o nomeador do mundo, na reconquista de ser existente contra um esquema de enquadramento e modelização. Demanda reinstaurar o "saber dizer" ao "saber fazer" e tornar-se ele próprio o locutor.

Ao assumir o papel de locutor, torna-se o homem-narrativa e permanece vivo enquanto conta a sua história, como os personagens na ficção. Fazendo um paralelo com a teoria de Todorov [7] – "contar é igual a viver", "para que as personagens possam viver, devem contar" –, assim também os homens devem fazer na vida. É imprescindível que se recoloquem como ser de linguagem e sejam eles os locutores de sua história.

A história particular de cada pessoa sempre inclui uma outra narrativa, vivências que se mesclam no fazer diário – relatos anteriores de um fio que se desembaraça do passado para o presente – e ficam encaixadas umas às outras no conjunto da caminhada. Todorov [8] afirma que "cada narrativa parece ter alguma coisa *demais*, um excedente, um suplemento, que fica fora da forma fechada produzida por seu desenrolar. Ao mesmo tempo, e por isso mesmo, esse algo mais próprio da narrativa é também algo menos; o suplemento é também uma falta; para suprir a falta criada pelo suplemento, uma outra narrativa se faz necessária". E assim as histórias se sucedem e interpenetram-se, prolongando-se no seu contar, motivo pelo qual Umberto Eco [9] coloca que a função consoladora da narrativa e a razão pela qual as

---

[7] TODOROV, Tzvetan. *As estruturas narrativas*. Trad. Leila Perrone-Moisés. São Paulo: Perspectiva, 1979, p. 127-130.

[8] Ibidem, p. 130-1

[9] ECO, Umberto. *Seis passeios pelos bosques da ficção*. Trad. Hildegard Feíst. São Paulo: Companhia das Letras, 1994, p. 93.

pessoas têm contado histórias desde o início dos tempos seja ainda a necessidade de "encontrar uma forma no tumulto da experiência humana" para fugirmos à ansiedade "que nos assalta quando tentamos dizer algo de verdadeiro a respeito do mundo".

Homem comum, herói anônimo, personagem do cotidiano, ser social, gente, homem, todos confluem para o sujeito da História, o LOCUTOR por cuja voz se inscrevem o presente, o passado e o futuro de um mundo por ele revelado.

Comprovadamente, o ser humano não se destina à passividade. Por mais conforto e satisfação social que os bens de consumo lhe proporcionem, sempre restará o vazio pelo fato de não ter sido preenchido o essencial, nas frustrações causadas pelas ações competitivas e inúteis que geram ansiedade e insatisfação. Faltará o olhar do outro, aquele mesmo de quem depende a confirmação de nossa existência, uma vez que apenas ele poderá revelar algo novo a nosso respeito, na recíproca também verdadeira.

O ser só se considera existente através deste olhar, por meio do qual poderá reconhecer-se e encontrar a própria essência. Qualquer outra forma de ver-se será incompleta, de modo a não haver reflexão, nem consciência, nem evolução. Segundo Humberto Mariotti,[10] "não há desenvolvimento humano sem desenvolvimento interpessoal", pois "ninguém faz nada sozinho. Precisamos do outro desde que nascemos".

Entretanto, todos estamos presos em uma rede competitiva em que vencer implica eliminar este outro e, dessa forma, não há condições de estabelecer relações autênticas e permanecer íntegro no intento de envolvimento e conjugação. Como escapar à fragmentação dentro de um sistema que separa o tempo e o espaço no propósito determinado de fazer o homem perder a noção de sua totalidade?

---

[10] MARIOTTI, Humberto. *As paixões do ego*. São Paulo: Palas Athena, 2000, p. 27.

Onde desvelar o rosto verdadeiro em meio a tantas máscaras e esfacelamento?

Esses questionamentos serão discutidos por meio da Literatura, focalizando a obra de Alice Vieira, em Portugal, e de Lygia Bojunga Nunes, no Brasil, conforme já dissemos anteriormente. Embora a análise se deflagre a partir de *Rosa, minha irmã Rosa* e *O sofá estampado*, destacamos dentro da leitura-mestra outros livros na obra das autoras: *Lote 12, 2º frente, Chocolate à chuva, Viagem à roda do meu nome* (Alice Vieira); e *A casa da madrinha, Angélica, Feito à mão* (Lygia Bojunga Nunes), recorrendo ainda a outros títulos de sua criação sempre que a análise assim o exigir.

Optando pelo realismo, ALICE VIEIRA apresenta o SER, o homem no dia-a-dia, pela voz do narrador-criança que flui os fatos pela autenticidade e lógica infantis; recorrendo ao processo da fábula em que se misturam o maravilhoso e o estranho, LYGIA BOJUNGA apresenta o TER, veiculando a sua crítica e a sua proposta inventiva para a transformação. As duas abordagens revelam o cotidiano e as bases em que o homem pode vivê-lo sem perder a dignidade.

De acordo com o enfoque que cada autora instala, marcamos duas linhas no tratamento do tema: a escritora portuguesa denuncia a precariedade da vida pelo ético-afetivo e pela memória; pelo fantástico-maravilhoso, Lygia Bojunga reinventa a realidade, num processo de transformação por meio do lúdico-sensorial. De um lado, o concreto-real; do outro, a invenção sobre o real – o COTIDIANO e a INVENÇÃO DO COTIDIANO.

Como estamos falando de literatura e nesse universo pretendemos entrar, é importante assinalar que a literatura é arte e, por si mesma, já é invenção, um novo real transfigurado pela palavra. De acordo com Nelly Novaes Coelho:

> [...] a *invenção* transformada em *palavras* é o que chamamos de *matéria literária*. Esta é o *corpo verbal* que constitui a obra de literatura. As *operações* que

O HOMEM NO COTIDIANO

intervêm na invenção literária, desde as *idéias em germinação*, até a *elaboração da matéria* (narrativa, poética ou dramática), são os *recursos estruturais ou estilísticos*; os processos de composição. É, pois, da arte do autor em inventar ou manipular esses processos e recursos que resulta a matéria literária.[11]

Ainda segundo Todorov,[12] "a literatura se revela [...] como o primeiro campo que se pode estudar a partir da linguagem", tendo-a ao mesmo tempo como ponto de partida e de chegada, e também o primeiro campo "cujo conhecimento possa lançar uma nova luz sobre as propriedades da própria linguagem". Nesse ângulo, a literatura apresenta-se como a obra da "arte verbal", prefigurando mundos possíveis através da palavra mediadora e mediatizada, e anuncia algo a respeito da realidade e dos homens e, por trás deles, o compromisso de quem se arrisca a falar: o escritor.

Sobre isso, Sartre[13] também teoriza, salientando que falar é agir. Para ele "a função do escritor é fazer com que ninguém possa ignorar o mundo e considerar-se inocente diante dele. E uma vez engajado no universo da linguagem, não pode mais fingir que não sabe falar: quem entra no universo dos significados, não consegue mais sair".

Esse compromisso está no escrever, na invenção do fazer literário de quem se compromete a falar, a contar, a revelar algo novo no prazer de criar. O ato criador visa a uma recuperação da totalidade do ser, por isso, a arte busca ser essencial em relação à vida, "pois é bem esta a finalidade última da arte: recuperar este mundo, mostrando-o tal como ele é, mas como se tivesse origem na liberdade huma-

---

[11] COELHO, Nelly Novaes. *Literatura infantil:* teoria, análise didática, 5.ed. rev. São Paulo: Ática, 1991, p. 65.

[12] TODOROV, Tzvetan. Op. cit., p. 54.

[13] SARTRE, Jean-Paul. *Que é a literatura?* 2. ed. Trad. Carlos Felipe Moisés. São Paulo: Ática, 1993, p. 21-2.

na".[14] De acordo com o filósofo, "escrever é, pois, ao mesmo tempo desvendar o mundo e propô-lo como uma tarefa à generosidade do leitor [...] chamado a recompor o objeto belo para além dos traços deixados pelo artista".[15]

Aquele que fala desperta o olhar do outro, que, por sua vez, atravessa as palavras e descobre algo novo a respeito de si mesmo, dos outros e do mundo, pois a comunicação que se estabelece nessa intersecção vem de uma relação autêntica que é o discurso literário construído pelo escritor. Por meio dele, revela-se o saber-dizer de um locutor que precisa se apresentar paralelamente ao saber-fazer do homem de cada dia.

No universo literário, a capacidade de saber dizer alcança limites inatingíveis dentro do plano real, pois a ficção se estrutura como um todo organizado que se aproxima da complexidade da vida e, ao mesmo tempo, permite encará-la à distância e dessa forma refletir sobre ela. Dante Moreira Leite[16] diz que "a leitura de ficção faz com que o leitor participe das experiências de outras pessoas, geralmente imaginárias, e tenha possibilidade de um relativo controle intelectual da situação apresentada. Nesse sentido, a ficção apresenta uma coerência e uma organização que não conseguimos atingir em nosso conhecimento imediato da realidade", revela o comportamento humano, e representa uma forma de autoconhecimento, assim como de conhecimento dos outros, dando a conhecer, sobretudo, o ser de linguagem a si mesmo.

Na verdade, o "saber-dizer" é a própria literatura com uma voz que se levanta para acordar o locutor no mundo, o ser de linguagem que precisa reassumir a palavra e indexar a fala à sua ação de

---

[14] Ibidem, p. 47.

[15] Ibidem, p. 40 -9.

[16] LEITE, Dante Moreira. *Psicologia e literatura*. 4. ed. São Paulo: Hucitec-Unesp, 1987, p. 228.

homem comum. Será justamente por meio da literatura, principal eixo deste trabalho, que poderemos falar a respeito de questões importantes e preocupantes da vida atual, como a crise do sujeito, coincidindo, essencialmente, com a crise das noções de identidade e de unidade.

"Num mundo no qual os processos de totalização não mais espelham aquelas concepções de unidade extraídas da profundidade [...] em que se supunha morar a verdade; numa realidade na qual somente acessamos as totalidades editadas com base na complexa superficialidade que caracteriza a vida pós-moderna",[17] talvez caiba mesmo à arte (e à literatura) a construção de um novo sujeito, porque ela consegue expressar a perplexidade do homem, a sua revolta, as suas dúvidas, os seus sentimentos, o seu interior. No propósito de falar sobre o ser humano e a vida, recorremos também à filosofia, que se apresenta como o primeiro campo a instalar os questionamentos e o distanciamento do mundo para que possamos indagá-lo.

Embora não haja proposição existencialista na construção da narrativa, e nem na trajetória dos personagens dentro da criação de Alice Vieira e de Lygia Bojunga Nunes, dirigimos a análise dos textos para o campo da fenomenologia, cuja preocupação central é a descrição da realidade, colocando como ponto de reflexão o próprio homem. Como a fenomenologia apresenta-se como filosofia da vivência, não pode ser outro o foco para iluminar a abordagem sobre o cotidiano, visto que neste recorte trataremos das relações do homem com as coisas e com os outros homens na invenção de cada dia.

Dentro do cotidiano há um existir marcado pela facticidade e por um estar essencialmente aberto para as coisas, mas a trivialidade diária pode ser superada se o ser dedicar-se a encontrar a si mesmo. Por isto mesmo, importa o tratamento filosófico: instigando para a

---

[17] COCHIARALE, Fernando. *Vertentes da produção contemporânea. Rumos Itaú Cultural Artes Visuais.* 2001/2003. Não paginado.

reflexividade, atenta para a não-aceitação óbvia e evidente das coisas, das idéias, dos fatos, das situações, dos valores, dos comportamentos de nossa existência diária, num procedimento crítico que inclui o próprio homem.

Em atitude filosófica nos opomos ao senso comum, aos pré-conceitos, aos pré-juízos, ao que todo mundo fala e pensa. Inicia-se como indagação do mundo que nos rodeia, refere-se às relações que mantemos com ele e acaba questionando o próprio pensamento. No processo reflexivo, o pensamento volta-se para si mesmo, interrogando-se e completando-se com uma tendência para formar um todo daquilo que aparece fragmentado em nossa experiência cotidiana.

Em relação à fenomenologia, as autoras Maria Lúcia e Maria Helena, em *Filosofando: introdução à filosofia*,[18] colocam-na como um campo que contrapõe a "retomada da 'humanização' da ciência, estabelecendo uma nova relação entre sujeito e objeto, homem e mundo, considerados pólos inseparáveis". Além de ser a "ciência das essências das vivências", englobando necessariamente o estudo dos objetos das vivências, trata ainda das significações que se interpõem entre o objeto e a palavra: lida com a intencionalidade para promover a consciência e levar à descoberta da essência que paira além da existência.

Vale ressaltar também o caráter de intencionalidade dos postulados fenomenológicos, no sentido de que toda consciência tende para o mundo e não há objeto em si, pois ele só existe para um sujeito que lhe dá significado.

Interessando-se por aquele momento em que a realidade natural e a história tornam-se estranhas, a Filosofia conjuga-se com a Literatura para desvendarem o senso-comum que a ciência não consegue explicar: a primeira buscando a possibilidade de transcendência humana; a outra, procurando ser essencial em relação à vida com o "fazer literário".

---

[18] ARANHA, Maria Lúcia de Arruda; MARTINS, Maria Helena Pires. *Filosofando: introdução à filosofia*. 2. ed. rev. e atualizada. São Paulo: Moderna, 2001, p. 304.

Escrever e viver compartilham da mesma energia no que se refere a permanecer falando, narrando, e a perseverar agindo: ambas implicam o fazer, somando vontade e iniciativa para a criação e a recriação. Os viventes perpetuam-se pelos seus atos; os escritores, pelas palavras: palavra-ação transformada em palavra-narrativa. Juntas, a ficção e a vida.

São duas linhas paralelas que, às vezes, se propõem a uma leitura recíproca, de se ler a vida como se fosse ficção ou vice-versa, como poetiza Umberto Eco em *Seis passeios pelos bosques da ficção*.[19] Em outros momentos, porém, a vida e a ficção colam-se uma à outra, confundido os heróis anônimos com os personagens inventados, justamente por respirarem o mesmo halo humano.

Homens comuns ou personagens, eles inscrevem sempre uma viagem, marcando a estrada a ser percorrida em repetidas voltas que tecem e entretecem todos os pontos da grande malha em que todos nós estamos enredados. Essa é a obra do homem, resultado de um "fazer à mão", abrindo e preenchendo o espaço de sua vivência como a palavra do escritor sobre o papel branco.

Na vivência, os homens superam-se pela sua criatividade; na ficção, pela criação de um novo real em que seja possível o reconhecimento e a reflexão de suas limitações e de sua força para enfrentar e vencer o mundo exterior. Especialmente pela Literatura, que é um ato criador por meio da palavra, será possível repassar toda e qualquer vivência com uma certa distância da realidade para encontrar uma forma de reinventá-la.

Sartre[20] coloca que "a obra de arte é valor porque é apelo", no sentido de esperar que o receptor seja "liberdade pura e puro poder criador", completando a tarefa iniciada pelo artista. Esse ponto de vista, que também participa da idéia de outros estudiosos e escrito-

---

[19] ECO, Umberto. Op. cit., p. 124.

[20] SARTRE, Jean Paul. Op. cit., p. 41-9.

A VIVÊNCIA E A INVENÇÃO NA PALAVRA LITERÁRIA

res, confirma-se na ação de escrever, pressupondo obrigatoriamente a ação de ler, ambas imbricadas para se completarem pelo princípio unificador do discurso literário. Nas palavras desse filósofo, "escrever é, pois, ao mesmo tempo desvendar o mundo, e propô-lo como uma tarefa à generosidade do leitor" para que ele recomponha o texto, decifrando o segredo construído por meio da linguagem.

Ele penetra assim pelos caminhos da interiorização, dispõe da bagagem adquirida pela leitura de mundo e de tantos outros livros, trazendo a sua enciclopédia para realizar a atualização do texto de tal forma que será sempre um novo ser após cada leitura. Assim a literatura cumpre o seu papel, revela-se essencial em relação à vida e ao homem, pela autenticidade de comunicação que estabelece e pela troca de energia que proporciona ao seu receptor, o leitor. Escrever compreende textualizar presentificando a vivência do homem, cristalizando-o no tempo e no espaço para salvá-lo do esquecimento e da fragmentação. Por esse motivo talvez seja exatamente a literatura o único campo capaz de nos alertar para a dispersão a que estamos condenados, por circunstâncias que têm gerado o esfacelamento e a perda da identidade. Dentro de sua função artística, incorpora a tarefa de nos acordar para o essencial que nos fará perdurar além da existência, alertando para a grande interação que existe entre FAZER e SER.

No que se refere a esta interação, tanto Alice Vieira quanto Lygia Bojunga Nunes revelam, na sua obra, três elementos fundamentais sobre os quais se assentam a vivência e a invenção no cotidiano: a CASA, o NOME e as MÃOS, destacando uma das proposições básicas da Literatura Infantil e Juvenil, que é a movimentação para a transformação do mundo.

Dentro dessa proposta, Nelly Novaes Coelho[21] destaca três enfoques distintos por meio dos quais a literatura se manifesta: "o da

---

[21] COELHO, Nelly Novaes. *Literatura:* arte, conhecimento e vida. São Paulo: Peirópolis, 2000, p. 156-7.

busca das origens (resgate do passado ou resgate do sagrado); o da crítica à atual engrenagem social, consumista e desumanizante; e o das relações humanas em crise (no âmbito do amor, das afeições, dos sentimentos, das carências e da injustiça que está na base do sistema vigente)". Presentes nos livros analisados, expressam-se por meio dos referidos elementos com que levantaremos a oposição entre o TER e o SER nos próximos capítulos.

A casa

*A casa não vive somente o dia-a-dia
no fio de uma história. Pelos sonhos
as diversas moradas de nossa vida se
interpenetram e guardam os tesouros
de dias antigos.*

(Gaston Bachelard)

O canto do homem no mundo

A PROFUNDA LIGAÇÃO das personagens em *Rosa, minha irmã Rosa* (Alice Vieira) e *O sofá estampado* (Lygia Bojunga) com a família – ligação que as torna continuadoras da ancestralidade a que pertecem – tem na *casa* o seu elo concreto.

Analisada em seu valor existencial, a casa é definida como o espaço de recuperação e de reconjunção do homem, em si mesmo e na relação com o outro. Lugar onde a vida se fecha no aconchego, alimento e proteção, a casa representa o canto do homem no mundo a fim de que se reabilite da luta fora e possa continuar sonhando e, dentro dela, consiga reformular seus ideais. Na casa ficam depositadas as células da esperança para que ele prossiga na sua caminhada, em busca do horizonte de felicidade a que todos aspiram.

Centro da afetividade, "a casa é o primeiro mundo do ser humano" em cujo berço ele é colocado antes de se tirado no mundo.

Segundo Bachelard,[1] "a casa é um dos maiores poderes de integração para o pensamento, as lembranças e os sonhos do homem [...], afasta contingências, multiplica seus conselhos de continuidade. Sem ela, o homem seria um ser disperso. Ela mantém o homem através das tempestades do céu e das tempestades da vida".

Também é a CASA a materialização da figura materna, nas múltiplas atribuições do caráter feminino – de gerar, nutrir, proteger e transformar, verticalizando o ser por laços afetivos que se estendem do berço à porta. Nesse âmbito, realiza-se o preparo de base ao longo da infância e adolescência para depois arrojar o indivíduo ao mundo de fora onde viverá suas experiências particulares na conquista de liberdade e autonomia. Dentro da casa fica o ninho que garante a sua presença física na vida fora do ventre; a casa é o espaço que se moldará de acordo com a existência de cada pessoa, onde ficarão calcados os vestígios de sua passagem pela Terra.

No aspecto transcendental, a casa prefigura a morada celeste no plano real, desdobrando-se na Terra "como uma 'cópia' que existe em um nível cósmico mais elevado", conforme discorre Mircea Eliade em *O mito do eterno retorno*.[2] Nesse modelo, ela carrega o simbolismo do centro, envolvendo o sentido de Paraíso, de Criação e do próprio Universo, que é concebido como algo que se espalha a partir de um ponto central. "O Centro é o âmbito sagrado, a zona da realidade pura" onde a casa incorpora todos esses atributos.

Muitos serão os caminhos de cada homem e em vários cantos do mundo ele poderá construir outras moradas, mas todas elas refletirão alguns traços da primeira casa onde inicialmente se aconchegou.

---

[1] BACHELARD, Gaston. *A poética do espaço*. Trad. Antonio da Costa Leal e Lídia do Valle Santos Leal. Rio de Janeiro: Eldorado Tijuca, [199 –], p. 23.

[2] ELIADE, Mircea. *O mito do eterno retorno*. Trad. José Antonio Ceschin. São Paulo: Mercuryo, 1992, p. 21-6.

Não se pode negar que o ser humano está se desprendendo da casa, afastando-se desse centro, das fortes e profundas relações que o ligam a esse ninho: a relação-mãe que a casa arquetipicamente representa; a relação transcendental que a casa simboliza na vida terrena. Dessa forma, ao afastar-se do centro que lhe assegura a presença humana na vida, o homem perde essa dimensão, desloca-se do centro sagrado e perde a ligação com o cosmo, reduz-se a mero objeto, coisifica-se, torna-se somente matéria bruta. A progressiva deterioração deste espaço aconchegante é, na verdade, um dos graves problemas do nosso tempo.

Desligar-se da casa significa descentralizar-se, viver nela (como em qualquer outra) apenas horizontal e superficialmente, sem nidação, perdendo assim o seu cerne e a oportunidade de reconhecer-se, de identificar-se, de encontrar-se, arriscando-se, portanto, a ser uma partícula solta a girar descontroladamente pelo universo.

A descoberta do homem em si mesmo não se restringe a vencer o espaço exterior que ele insiste em dominar, inclusive no plano interplanetário. A viagem reveladora acontece no espaço íntimo onde o homem descobrirá o *eu* – "a casa", "o quarto", "as paredes internas dos aposentos", "a cama" – sem desligar-se do que existe fora. Esse encontro consigo mesmo ainda depende da relação com o outro, na tessitura diária da trama da vida, visto que somente esse outro poderá revelar algo novo a respeito de quem se individua.

Nas palavras de Marie-Louise Franz,[3] "toda experiência interior tem que ser mediada pela relação com o outro. Nunca alguém se individualiza sozinho, e a finalidade da individuação não é ficar só; pelo contrário, é estar em relação, cada um a seu modo". A realização do SER é processo, percorre várias fases e depende de muitas relações, contudo, esse percurso está sendo interrompido e despreza-

---

[3] FRANZ, Marie-Louise von. *A individuação nos contos de fada*. 2. ed. Trad. Eunice Katunda. São Paulo: Paulinas, 1985, p. 11.

do, porque não se leva mais em conta o tempo de espera, o tempo cíclico; este foi encurtado pela máquina, transformado em tempo de programação que prevê o lucro e a experimentação, destruindo a essência do ser. Por esse motivo, ele não pode sair da casa e desvalorizar o núcleo afetivo de sustentação humana e desabalar pelo mundo feito máquina que liga e desliga.

Afastar-se da casa também é desorientar-se do caminho, porquanto a estrada que leva ao centro representa "um ritual de passagem do âmbito profano para o sagrado, do efêmero e ilusório para a realidade e a eternidade, da morte para a vida, do homem para a divindade. Chegar ao centro equivale a uma consagração, uma iniciação; a existência profana e ilusória de ontem dá lugar a uma nova, a uma vida que é real, duradoura e eficiente".[4]

Ao sair da casa para viver somente o mundo lá fora, externo, material, distante das relações essenciais de comunhão familiar, o homem se deforma, desintegra-se ao longo do caminho, desvincula-se dos valores que o mantêm na vida e justificam a sua existência. Perde ainda o contato com os ritos da casa, do grupo afetivo, com os costumes e as tradições do domínio privado, como rezar, cozinhar, reunir-se à hora das refeições, festejar nascimentos, casamentos, batizados, comemorar certas datas significativas, sem falar dos momentos de conversas e de memória em que os mais velhos seriam ouvidos ou relembrados em seus feitos. "Mas será apenas para adormecermos e acordarmos que as casas servem?"[5]

Se a casa for apenas dormitório, não servirá como modelo para formarmos depois outros núcleos afetivos em nossa vida. Uma vez fora dela, o homem fragmenta-se por desapegar-se do conjunto ao qual pertence e, sem esse eixo, passará a conviver com as coisas em lugar de relacionar-se com os outros homens. Viverá fora do SER,

---

[4] ELIADE, Mircea. Op. cit., p. 27.
[5] VIEIRA, Alice. Op. cit., p. 138

voltado somente para o material, os objetos, aliciado para a acumulação dos bens de consumo na desenfreada busca do TER. A grande ampliação do mundo, desfazendo fronteiras e invadindo o espaço privado por meio da imensa rede de comunicações, atingiu o homem em sua totalidade e o inseriu na "aldeia global" onde sobressai a massa. Não importa o indivíduo, não há rostos, não há pessoas nesta coletividade, pois os seres de tal contexto estão condenados ao distanciamento e à solidão.

O ser só

Dentro de tais circunstâncias, o ser revela-se solitário, tanto interior como exteriormente, pela falta de laços que justifiquem sua existência; apartado de seus semelhantes, não dimensiona a importância dos outros em sua vida e a reciprocidade dessa relação.

Assim sente a menina Mariana, ao refletir sobre a casa, em *Rosa, minha irmã Rosa*, de Alice Vieira:

> "[...] deve ser muito triste não ter [...] nem uma casa quentinha no Inverno."[6]

> "Parece-me que as janelas dos prédios são assim uma espécie de gavetas de um móvel muito grande de que se perdeu a chave."[7]

Na verdade, tudo indica que está se perdendo a chave do relacionamento humano, daquele tempo do olhar em que as pessoas se reconheciam umas nas outras e desejavam encontrar-se. A condição de vida a que estamos relegados pela globalização está levando as

---

[6] VIEIRA, Alice. *Rosa, minha irmã Rosa*. 5. ed. Ilust. Henrique Cayatte. Lisboa: Caminho, 1980, p. 61-2.

[7] Ibidem, p. 96.

pessoas ao isolamento e ao confinamento, de tal forma que o diálogo se estabelece com as coisas, restritamente com os objetos que nos rodeiam.

Pela voz da narradora-criança, entramos nessa reflexão em Alice Vieira:

> "Cada vez as pessoas andam mais depressa, sem tempo para olharem umas para as outras. E às vezes é tão importante a gente olhar para quem passa por nós."[8]

> "Na janela em frente da janela do meu quarto, no prédio do lado de lá da rua, a minha vizinha cose à máquina. [...] Sempre sentada, sempre curvada naquela máquina. Olho para ela todos os dias e tenho a certeza de que ela nem dá por mim, nem sabe que eu existo, que moro a poucos passos de sua casa, que talvez pudesse ser sua amiga, quem sabe se não teremos até o mesmo nome? Penso que se desse um grito da minha janela, ela iria ouvi-lo lá onde está, mesmo com o ruído da máquina de costura. Mas a verdade é que eu nunca gritei por ela. Nem ela por mim."[9]

No distanciamento que aqui se denuncia, verifica-se a insatisfação do narrador-personagem em relação ao olhar que falta de um para o outro, na necessidade de compartilhar vida e poder atingir o autoconhecimento nesse encontro.

À janela, Mariana abre-se do interior para o exterior em procura do outro, notando-o, depositando sobre ele os seus olhos humanos de criança. Do eu para o outro, marca-se a busca pela humanização propagada pelo prisma infantil, cuja visão ainda é capaz de receber o mundo com olhos humanos. A menina, com o seu desejo, realça a criança que deve permanecer viva em cada um de nós para reaprendermos a "olhar a vida com olhos de criança". Lúcia Pimentel

---

[8] VIEIRA, Alice. *Lote 12, 2º frente*, cit., p. 45.
[9] VIEIRA, Alice. *Rosa, minha irmã Rosa*, cit., p. 95-6.

Góes[10] adianta que "a vida na sua luta diária, nos seus combates, endurece o nosso coração. E sem perceber a gente perde a capacidade de se emocionar sem barreiras, de ter uma alegria ingênua e completa, de deslumbrar-se ante pequenos nadas, de entregar-se totalmente". Intensificando cada vez mais a relação com a matéria, o homem desliga-se de seu semelhante e irremediavelmente de todos os valores e acaba ele mesmo reificado no TER, pois a relação pessoa-pessoa está sendo substituída pela relação coisa-coisa. De acordo com Humberto Mariotti,[11] "o ser humano é os valores que vive" e encarna, a sua legitimidade se revela pelos valores fundamentais que nascem da relação entre as pessoas. "O homem não vai aos valores" como meta a atingir: "estes é que saem da interação humana e para ela voltam desenvolvidos e aperfeiçoados pela convivência".

Tais idéias estão inseridas na voz do narrador-criança de *Lote12, 2° frente*:

> "Estranho, como as pessoas cada vez vivem mais juntas umas das outras e cada vez se conhecem menos."[12]

As pessoas dividem mais o espaço comum e público do que vivem nos espaços privados, entretanto, apenas coexistem no mesmo lugar, sem compartilhar da existência umas das outras. A vida diária se desenrola no espaço e através do tempo, mas é imprescindível superar a compressão desta contingência e não se deixar reduzir a qualquer coisa material a fim de se manter como o indivíduo no SER.

---

[10] GÓES, Lúcia Pimentel. *Uma violeta na janela*. 2. ed. São Paulo: Paulinas, 1988, p. 38-9.

[11] MARIOTTI, Humberto. Op. cit., p. 165-6.

[12] VIEIRA, Alice. *Lote 12, 2° frente*, cit., p. 103.

A VIVÊNCIA E A INVENÇÃO NA PALAVRA LITERÁRIA

Como já afirmamos antes, citando Harvey,[13] todas as fronteiras espaciais estão sendo eliminadas dentro do progresso tecnológico que encurta as distâncias e atinge todas as pessoas por uma intensa rede de comunicação; mas apesar disso ou por isso mesmo, o ser social não pode ser apanhado nessa teia a fim de não ser ele próprio reduzido. Para preservar a sua condição humana, deve criar "espaços particulares de resistência e liberdade diante de um mundo repressor", e a casa é o maior e o mais significativo desses espaços.

Esse espaço de resistência e liberdade só poderá ser instalado se esse ser estiver verticalizado na casa, porque é dentro dela que aprende a sonhar e a imaginar. Nele, "Ser já é um valor. A vida começa bem, e começa encerrada, protegida, aquecida no seio da casa [...]. É esse o ambiente em que vivem os seres protetores." [14]

Certeau apresenta a mesma idéia ao referir-se aos espaços privados na invenção do cotidiano:

> O território onde se desdobram e se repetem dia a dia os gestos elementares das 'artes de fazer' é antes de tudo o espaço doméstico, a casa da gente. De tudo se faz para não 'retirar-se' dela, porque é o lugar 'em que a gente se sente em paz. [...] Aqui as famílias se reúnem para celebrar os ritmos do tempo, confrontar a experiência das gerações, acolher os nascimentos, solenizar as alianças, superar as provas, todo aquele longo trabalho de alegria e de luto que só se cumpre "em casa", toda aquela lenta paciência que conduz da vida à morte no correr dos anos. Quanto mais o espaço exterior se uniformiza na cidade contemporânea e se torna constrangedor pela distância dos trajetos cotidianos, com sua sinalização obrigatória, seus danos, seus medos reais ou imaginários, mais o espaço próprio se restringe e se valoriza como lugar onde a gente se encontra enfim seguro [...] Aquele lugar para o qual é tão bom voltar, à noite, depois do trabalho.[15]

---

[13] HARVEY, David. Op. cit., p. 190.

[14] Ibidem, p. 200.

[15] CERTEAU, Michel et al. *A invenção do cotidiano*. Trad. Ephraim Ferreira Alves e Lúcia Endlich Orth. Petrópolis: Vozes, 1997, v. II, p. 203-6.

A centralização do homem

O lugar para o qual é tão bom voltar sempre, de todas as lutas diárias, é a nossa casa, espaço onde se estabelecem os laços afetivos que nos mantêm confiantes para ganharmos autonomia, enfrentarmos o mundo e chegarmos ao amadurecimento.

Nos livros analisados da obra de Alice Vieira, a casa enaltece esse centro, lugar de aconchego e proteção e de valorização do homem, da vida, autenticada pela voz do narrador-criança, em generosa afetividade.

Em *Rosa, minha irmã Rosa* tal voz se levanta contra a subversão da ordem diária na casa e na sua vida de menina (Mariana), porque vê seu mundo desordenar-se por um atropelo de fraldas e biberões a conturbarem o espaço e o tempo da família.

> "Desde que minha irmã chegou, nunca mais houve sossego nesta casa."[16]

Mudança de rituais e ciúme concorrem para acirrar a reação da menina, filha única até os dez anos, criando um mecanismo de defesa contra a nova organização do espaço, misturando medo e resistência em relação a uma situação desconhecida.

> "Agora 'a menina' é ela [...]. Eu agora sou a 'Mariana' e mais nada."[17]

> "A mãe volta amanhã para casa. Mas a casa está diferente, e tenho medo de que a mãe também o esteja".[18]

---

[16] VIEIRA, Alice. *Rosa, minha irmã Rosa*, cit., p. 27.

[17] Ibidem, p. 29.

[18] Ibidem, p. 19.

A VIVÊNCIA E A INVENÇÃO NA PALAVRA LITERÁRIA

> "Anda tudo à volta da minha irmã, todas as conversas come-
> çam ou acabam nela, coisa tão pequena que, de repente, enche
> uma casa e se torna na pessoa mais importante da família." [19]

> "E lá tenho de trocar algumas tardes com a Rita por algu-
> mas tardes de pôr e tirar fraldas e biberões preparados a
> horas certas, senão a Rosa abre as goelas e não há quem a
> sossegue." [20]

> "[...] tive de ceder duas gavetas da cômoda do meu quarto
> para lá meterem as coisas do bebé... [...]
> "– Como é que uma criança tão pequena pode precisar de
> tanta coisa?" [21]

Pouco a pouco os objetos do bebê ganham um lugar na casa, antes mesmo de a criança receber um nome, alargam os limites e modificam o espaço à sua presença. Assim, todas as coisas tomam lugar no espaço onde vivem seus usuários e chegam até a atravessar o tempo além dele, contudo, ganham dimensão humana somente quando fazem parte de uma relação utilitária com os seres. Isolados, atirados no espaço, não passam de matéria morta; sem os seres humanos, os objetos são nada, fechados em sua insignificância de coisa.

Dessa forma, parece a casa à Mariana na ausência da irmã, hospitalizada por causa de uma pneumonia, pois sem o bebê o espaço fica vazio e sem sentido.

> "Nunca pensei que a minha casa pudesse ficar assim vazia,
> assim tão cheia de nenhum barulho." [...]

> (Rosa) "[...] enchia esta casa toda, e como isso era bom." [22]

---

[19] Ibidem, p. 29.
[20] Ibidem, p. 47.
[21] Ibidem, p. 19-20.
[22] Ibidem, p. 111.

A CASA

"Se abro uma gaveta é certo que de lá salta uma fralda, um casaco, uma chucha, uma roca. E é estranho tudo estar nos mesmos sítios menos a Rosa. Se ela morrer, quem é que vai enterrar estas coisas que são dela, e que só não morrem também porque as coisas não morrem nunca?" [...]

"[...] não sei o que me parece o silêncio da cozinha sem a mãe de volta com os biberões, a lavá-los, a fervê-los, a enchê-los de leite, e novamente a lavá-los e a fervê-los, tantas vezes por dia. [...]
Agora há apenas um grande silêncio em volta de todos os objectos..." [23]

A casa plasma-se como o real afetivo, espaço que abriga a família e configura o conjunto onde se inserem todos os elementos do círculo: mãe, pai, avó, o peixe Zarolho, a boneca Zica e, finalmente, a Rosa, a irmã que Mariana enfecha no grupo.

"– Descobri que a Rosa é minha irmã, que a Rosa é da minha família, como o rouxinol que aqui vem cantar no Verão. [...]"

"[...] me sentia feliz por ir ter a minha irmã a dormir a meu lado. Com a Zica, o Zarolho, a caderneta de cromos e os livros, o meu quarto ficava uma família completa.
Aquela família que a tia Magda não podia entender que exista". [24]

No quarto (espaço interno), completa-se o todo da casa, o centro de integração do homem no afeto familiar, o ambiente privado onde a vida se consagra e onde se constroem os valores para então estruturar o ser que um dia sairá deste núcleo para uma experiência individual mundo afora.

---

[23] Ibidem, p. 111-2.
[24] Ibidem, p. 114-5.

49

A contracasa

Nem sempre o ser encontra-se aninhado em sua casa. Em oposição a esse centro emerge a figura da CONTRACASA, marcada pela personagem tia Magda, em Alice Vieira, como o lugar do ser só, anulado pelas coisas, aprisionado pelo espaço em circunstâncias de servidão, segregação e distanciamento.

> "A casa da tia Magda é cheia de sombras e tem um corredor que a gente nem vê onde acaba."

> "A casa onde a tia Magda vive era da madrinha dela... [...] Tudo em casa da tia Magda é para as visitas.
> Há uma sala sempre fechada – para as visitas.
> Há um quarto onde ninguém dorme – para as visitas.
> Há uma arca a meio do corredor imenso cheio de roupa que ela nunca usa – porque é para as visitas." [25]

Ao contrário da outra, a *contracasa* não respira afetividade, apresenta-se como um lugar frio, em que o espaço íntimo não promove a descoberta do *eu*. Conseqüentemente, não procura (ou não conclama) um outro afetivo real para uma relação recíproca; torna-se assim desumanizada e ganha o vazio e a imobilidade de paredes sem história e de objetos inertes, destituídos do toque de gente, lugar nulo, sem vida.

Mariana percebe esse vazio na casa nova ao mudar-se para o recém-construído condomínio, em *Lote 12, 2º Frente:*

> "Esta casa não cheira a gente [...] cheira sobretudo a vazio. [...]
> O meu quarto não cheira a mim – e nada mudou para além das quatro paredes, chão e tecto. Só que estes móveis tinham consigo um lugar próprio, um espaço que era seu e eles habi-

---

[25] Ibidem, p. 59-61.

tavam, como todos nós. Mudar de casa acho que é assim como se mudássemos a nossa pele e entrássemos noutra, em tudo igual. Só que é outra, e não a nossa. É preciso encher esta casa, depressa. [...] É preciso vestir de nós esta casa. [...] É preciso dar gente a esta casa." [26]

"Vestir de gente" uma casa significa habitar, apropriar-se do espaço e moldá-lo à própria vivência, "não ter medo da casa" para sobrepor-se ao físico material e então humanizá-lo. "Vestir de gente" uma casa implica atribuir ao espaço concreto e frio os caracteres das pessoas que o ocupam, com seu cheiro, seu calor, sua vontade, seu temperamento. Compreende ainda agasalhar-se entre paredes e teto em total cumplicidade, guardando no seu interior os segredos e as lembranças de uma vida, armazenando em cantos e ângulos, interstícios e entremóveis as alegrias e as frustrações, os sonhos e os suspiros. Um lugar habitado pela mesma pessoa durante um certo tempo retrata o seu morador em cada detalhe dos aposentos, numa espécie de relato de vida a partir da organização de tal espaço.

> (A casa) "[...] não conheceu a avó Lídia, não guardou o seu riso, não ouviu as suas histórias. Na casa antiga, era como se a avó continuasse viva entre aquelas paredes a que se tinha apoiado, que tinham feito o eco de sua voz. Agora acho que perdi completamente a avó Lídia, que a deixei ficar sozinha na casa antiga, que um dia as pessoas que a forem habitar hão de encontrar uma casa cheia de memórias, ao passo que esta casa não tem memória de ninguém.
> Dá-me vontade de contar a nossa história a estas paredes que nunca ouviram histórias de ninguém." [27]

> "Gostava de saber como são as pessoas que moram agora na minha casa. Saber se terá ficado alguma coisa de mim

---

[26] VIEIRA, Alice. *Lote 12, 2º frente*, cit., p. 22.

[27] Ibidem, p. 23.

nas paredes do meu quarto. Saber como são os novos cheiros
da cozinha.
Rita, achas que uma casa em que vivemos durante onze anos
fica completamente vazia de nós quando pegamos nos móveis
e vamos para outro sítio?
[...] Esta casa onde moro é nova. [...] A minha casa está
vazia de tudo." [28]

O *eu* que se revela a partir do interior da casa expande-se pela voz do narrador-criança, insistindo no reconhecimento de SER para um interlocutor ("achas") que, na vida real, fora da ficção, precisa descobrir-se e criar a consciência de ser gente e desenvolver essa competência para dar uma dimensão humana a tudo.

Cada vez mais se vive fora da casa, no espaço do descompromisso de uns com os outros, voltado para o individualismo e a superficialidade e a história de cada pessoa redunda num mosaico de quadros desconectados e sem nexo. Não ocorre a interrelação, não há o eu interagindo, pois o homem desvincula-se do espaço íntimo privado para viver na impessoalidade do lugarcomum. Perde o seu centro onírico e a sua ligação com o universo, permitindo que o seu lugar seja ocupado pelas coisas que passam a representá-lo no mundo materialista. Mesmo porque também não convive com os outros no espaço-comum, apenas ocupa o mesmo espaço que as outras pessoas, cada qual no seu egocentrismo, sem integração e sem troca.

Vivendo nessas condições no espaço exterior, e horizontalmente dentro da própria casa, as pessoas, de qualquer forma apartadas pelo desafeto, acabam esfaceladas e o que está se instalando na vida de muitos é a contracasa, o canto no mundo que se apaga no lume do lar para servir apenas de paragem, onde se dorme e se acorda todos os dias. "Mas será apenas para adormecermos e acordarmos que as casas servem?" [29]

---

[28] Ibidem, p. 34.

[29] Ibidem, p. 138.

A CASA

Nesse questionamento, a narradora coloca as suas idéias para o sentido intrínseco da casa que supera sua função de abrigo ou proteção, e marca a contracasa que gera a solidão e a morte.

> "Veio-me de repente à idéia a tia Magda, e a sua casa também sempre a brilhar de limpeza e de inutilidade." [30]

> "[...] lá fomos até a casa da tia Magda [...] eu cheia de vontade de vir embora ainda antes de lá ter chegado. Mas a tia Magda fazia 80 anos e apesar de nunca querer festas a minha mãe achou que lá devíamos ir todos..." [...]
> "Para lá do tão característico cheiro a naftalina e a bafio, a casa da tia Magda tinha desta vez um leve cheiro de comida queimada." [31]

> "No dia seguinte a tia Magda era internada numa clínica, depois de o médico ter explicado por complicadas palavras a sua loucura chegada de mansinho.
> Uma semana depois morria, esperando até ao último momento pelas visitas que nunca tivera, pelos amigos que nunca fizera.
> Pelos que nunca chegaram a tocar à campainha da sua porta." [...]

> "Às vezes penso que há pessoas que nunca chegam a conhecer a sua casa, assim como nunca chegam a conhecer os filhos, os amigos." [32]

Da mesma forma, apresenta-se desumanizada a casa da personagem Rita, em *Rosa, minha irmã Rosa*:

> "– [...] as coisas nunca mudam de lugar lá em casa. Um dia o meu pai bateu-me porque eu pus o cacto em cima da secre-

---

[30] Ibidem, p. 73.

[31] Ibidem, p. 131-2.

[32] Ibidem, p. 136-9.

tária dele... O cacto era meu, parecia quase uma rosa verde com muitas folhas, e eu pensei que ele gostasse de ter uma planta bonita a fazer-lhe companhia, quando estivesse a trabalhar..." [...]

"[...] acho que deve ser muito triste viver numa casa onde não podemos mexer em nada, numa casa tão arrumada como a da Rita." [...]

"[...] a casa da Rita cheira a museu, não cheira a casa onde vive gente. Lembro-me de uma tarde ouvir a minha mãe dizer para o meu pai:
– Aquele lugar é sem vida, quase nem nos atrevemos a respirar lá dentro com medo de sujar os vidros". [33]

"[...] eu fujo logo para o meu quarto mal oiço o meu pai entrar em casa. E mesmo assim... 'Rita, não desarrumes nada!', 'Rita, não te sujes!'... É sempre isto, mesmo quando estou quieta no meu canto... A mãe diz que a casa tem de estar sempre arrumada e que eu desarrumo tudo". [34]

A desarrumação, na verdade, não se refere às coisas na casa, mas ao desarranjo afetivo dos que ali vivem, na falta de sentimento de uns para os outros a ponto de atingir as pessoas, no caso, a criança Rita, mesmo no espaço sagrado do seu quarto.

"– [...] Gostava de poder dizer que não suporto esta casa, que eles não se conseguem aturar, que embirram comigo dia e noite [...] que se insultam à minha frente e nas minhas costas, que não querem saber de mim para nada [...]. Porque eu gosto dos dois e queria viver aqui nesta casa com os dois, mas ao mesmo tempo é tão bom viver numa casa onde ninguém discute, onde ninguém se zanga, por tudo e por nada, onde não é o fim do mundo se eu deixar um livro ou um caderno desarrumado." [35]

---

[33] VIEIRA, Alice. *Rosa, minha irmã Rosa*, cit., p. 13.

[34] Ibidem, p. 12.

[35] VIEIRA, Alice. *Chocolate à chuva*. 11. ed. Ilust. Henrique Cayatte. Lisboa: Caminho, 1982, p. 74-5.

Michel de Certeau [36] adianta que "quando a esfera pública não oferece mais lugar de investimento político, os homens se fazem 'eremitas' na gruta do habitat privado. Hibernam em seu domicílio, buscam satisfazer-se com pequenos momentos de felicidade individuais. Talvez alguns até já sonhem em silêncio outros espaços de ação, de invenção e de movimento". No entanto, a contracasa não permite este recolhimento, ela ejecta o seu morador, que, muitas vezes, vai buscar lenitivo no trabalho, no corpo do outro, no consumo exagerado do álcool ou de outras drogas, numa compulsão a comprometer a sua integridade.

Internar-se em uma gruta compreende internalizar-se pela viagem trabalhosa que leva ao autoconhecimento, passando pelos estágios de reconhecimento de nossas qualidades e de nossos defeitos, de nossos desvios, do lado sombrio de nossa natureza. Nem sempre o indivíduo está disposto a realizar essa travessia e lá fora há um apelo imperioso para a dispersão e a satisfação material que o apanham pelo parcial, impedindo-o de atingir a totalidade do seu ser.

Aceitar um padrão de vida imposto é mais fácil do que construí-la, mas o "mundo não é a idéia que temos dele: é a realidade que elaboramos à medida que vivemos".[37] Objetivamente apenas apreendemos o mundo de forma limitada e ganhamos dele uma visão igualmente parcial e reduzida. Dessa forma discorre Humberto Mariotti,[38] colocando que "a vida é um processo de conhecimento, viver é conhecer e conhecer é viver", justificando a visão da menina em *Lote 12, 2º Frente* (Alice Vieira) nesta teoria:

> "Que tempo então – e que disposição – para se amar a casa?
> Para se amar uma casa de onde às vezes se sai ainda sem sol
> e para onde se entra já sem ele. [...]

---

[36] CERTEAU, Michel. Op. cit., p. 206.

[37] MARIOTTI, Humberto. Op. cit., p. 76.

[38] Idem.

A VIVÊNCIA E A INVENÇÃO NA PALAVRA LITERÁRIA

> [...] as pessoas haviam de ter tempo para gostarem de traba-
> lhar fora da casa e tempo para gostarem de estar em casa,
> fossem homens ou mulheres". [39]

Na verdade, não se trata somente de "gostar de estar em casa", pois hoje as pessoas vivem condicionadas no lugar-comum, o próprio indivíduo sentindo-se obrigado a tomar parte de uma engrenagem consumista para não ficar fora do esquema instituído. Desfaz-se assim dos ritos centrais que haveriam de lhe garantir a permanência na memória e a conjugação familiar.

Há um trabalho diário a ser realizado, no entanto, a ocupação muitas vezes alienante está subtraindo todo o tempo a ser vivido no interior da casa, aquele que deveria ser dispensado às práticas do espaço privado. A ritualização de gestos – à mesa, em hora de refei-ções; à cozinha, no preparo da comida; na celebração de datas significativas dentro do grupo familiar; nas conversas, mantendo a memória e a tradição, pela fundamentação dos valores – está sendo substituí-da por uma investida mecanizada e compulsiva a *fast foods*, a shoppings, academias e lojas de conveniência, com um desejo cada vez mais crescente de participar do espaço comum formatado.

Mas "para o pai da Rita o culpado de tudo é o tempo. Coisa sem rosto e sem forma a quem é difícil pedir responsabilidades. O tempo que nunca chega para a gente fazer o que quer. [...] Porque sobre ele se pode descarregar o peso todo das culpas todas." [40]

Será melhor respirar fundo, "muito fundo! Nada foi por nossa culpa", e ocultar por trás de um falso alívio o 'homem da culpa' que não desejamos assumir ante a uma engrenagem que nos desvia e comprime. É conveniente pensar dessa maneira, encontrando sem-pre um culpado para tudo. Alivia-se a consciência de estarmos inse-

---

[39] VIEIRA, Alice. *Lote 12, 2º frente*, cit., p. 139.
[40] VIEIRA, Alice. *Chocolate à chuva*, cit., p. 154.

A CASA

ridos num tempo vazio, gasto com superficialidades pertencentes a um esquema altamente rotativo, que não permite a ninguém pensar.

Antes da culpa, entretanto, existe a responsabilidade notadamente precedida pela consciência de tudo e de ser. Este "tempo culpado" não corresponde à ação significativa do fazer com o outro e de fazer para o outro, não prevê compartilhar e cooperar. Também não considera as vivências domésticas e as passagens cíclicas, porque trata as pessoas e os outros seres da natureza de forma utilitária e predadora. Não é o tempo da doação, mas o impessoal, voltado sempre para o individualismo, não é o tempo do retorno, apenas o tempo do nada, tempo vazio, mal aproveitado, tempo guardado para as coisas e as pessoas que nunca "hão-de chegar".

Esse vazio é o resultado da compressão de tempo e de espaço, impulsionada pela máquina e complicada pelo dinheiro, acarretando a aceleração, a volatilidade, a efemeridade das coisas, descartadas rapidamente pelos modismos, criando um fermento de criatividade derramada no vasto recipiente da cultura de massa serializada e repetitiva.

David Harvey discute a questão, tocando nos aspectos mais importantes de uma sociedade que se estrutura ao contrário do curso humanista, a desconjuntar-se em seus diversos níveis. Trazendo as palavras desse estudioso:

> A aceleração do tempo de giro na produção envolve acelerações paralelas na troca e no consumo. Sistemas aperfeiçoados de comunicação e de fluxo de informações, associadas com racionalizações nas técnicas de distribuição, (empacotamento, controle de estoques, conteinerização, retorno do mercado etc etc), possibilitaram a circulação de mercadorias no mercado a uma velocidade maior. Os bancos eletrônicos e o dinheiro de plástico foram algumas das inovações que aumentaram a rapidez do fluxo de dinheiro inverso. Serviços e mercados financeiros (auxiliados pelo comércio computadorizado) também foram acelerados, de modo a fazer, como diz o ditado, 'vinte e quatro horas ser um tempo bem longo' nos mercados globais de ações. [41]

---

[41] HARVEY, David. Op. cit., p. 257.

Segundo Toffler,[42] citado ainda por Harvey, "o impulso acelerador da sociedade mais ampla golpeou a experiência cotidiana comum do indivíduo", de tal forma que a individualidade se perde para se atender a uma exigência de imagem veiculada como modelo difuso dentro do simulacro da hiper-realidade em que desapareceram as referências e, como conseqüência, a própria identidade.

A narrativa em Alice Vieira traz as idéias e os fatos em uma correnteza oposta, porque em sua criação valem o auxílio mútuo, a reciprocidade, a doação: os valores que nascem da interação humana e preservam e alimentam o conjunto.

"A minha mãe sai de manhã para o escritório mas à tarde já está em casa. E quando chega ela sabe que vai poder descansar um pouco porque, durante a tarde, a avó Elisa e às vezes a senhora Ricardina lhe facilitaram a tarefa: fizeram a comida, limparam a casa, atenderam o telefone, foram ao supermercado, trataram da Rosa, e numa casa onde todos ajudam, a vida não é difícil, e sempre sobram uns minutos para se olhar à nossa volta, respirar fundo, sorrir para nós próprios, 'esta casa é a nossa'.
Mas se fosse a minha mãe a fazer tudo, como acontece com tantas que eu vejo da minha janela. [...] Que tempo então – e que disposição – para se amar a casa? Para se amar uma casa onde às vezes se sai ainda sem sol e para onde se entra já sem ele." [43]

"Pego então num livro e vou-lhe contando histórias, mas ou a minha voz não é famosa para essas coisas ou ela é ainda pequena para as entender, o que eu sei é que passados uns minutos a Rosa está a dormir encostada a mim, a sua respiração muito mansa espalhando um calor bom pelo meu braço, rosa mais bonita que todas as princesas que se inventaram até hoje, mais necessária que todas as fadas armadas de vari-

---

[42] TOFFLER, 1970. Apud HARVEY, David. Op. cit., p. 258.

[43] VIEIRA, Alice. Lote 12, 2º frente, cit., p. 139.

nhas de condão e chapéus de bico, mais dentro de mim que todos os sonhos que eu invento." [44]

Na ação de "contar histórias" à irmã, a menina Mariana reveste-se do tempo da doação, trabalhando com a fantasia e a imaginação infantil, ao mesmo tempo em que trabalha esta instância em si mesma, por meio de símbolos, para que ela e Rosa possam apreender e compreender o mundo. Por outro lado, reafirma um dos rituais do grupo na ação de contar e recontar e permanece vivendo enquanto narra (ou inventa), marcando a expansão da consciência a partir do interior do quarto e da privacidade da cama (lugar sagrado) para viver num outro plano: o existencial. O sistema ao qual todos os conjuntos estão correlacionados, incluindo a família, na realidade, insere-se no tempo concreto, mas o ser humano vive pelo tempo existencial.

"Contar os minutos e os segundos que faltam para a Rosa entrar em casa. Escutar os ruídos do elevador em movimento e acreditar sempre que é ela finalmente.
Pensar, pela primeira vez, que tenho pena que a avó Lídia não vá pegar na minha irmã ao colo, contar-lhe histórias, rir para ela, dar-lhe um dia pão e queijo à chegada da escola.
Pena de não lhe poder dar hoje a avó de presente.
Sonhar todos os países onde hei de ir com ela [...] porque a partir de agora eu já não estou sozinha, e é bom não estar sozinha nunca mais. [...]
Contar os segundos.
Ouvir a campainha.
A chave que se mete na fechadura.
A porta que se abre.
Rosa.
Rosa, minha irmã Rosa!" [45]

---

[44] Ibidem, p. 91-2.
[45] VIEIRA, Alice. Rosa, minha irmã Rosa, cit., p. 117-8.

A VIVÊNCIA E A INVENÇÃO NA PALAVRA LITERÁRIA

A personagem acolhe a irmã e recupera-se no conjunto que se completa com a volta de Rosa e nele também descobre algo a respeito de si mesma.

> "Acho que assim que a Rosa vier para casa tudo vai ser muito melhor do que era dantes, no tempo em que a 'menina' era eu e ela não existia... [...]
> – Descobri que a Rosa é minha irmã, que a Rosa é da minha família...
> [...] me sentia feliz por ir ter a minha irmã a dormir a meu lado. Com a Zica, o Zarolho, a caderneta de cromos e os livros, o meu quarto ficava uma família completa". [46]

Nesse conjunto que se completa, Mariana se apercebe de um tempo preenchido na essência das relações, da doação desinteressada de dedicar-se ao outro, "Rosa, minha irmã Rosa", finalmente aceita – incorporada ao núcleo – a partir do microcosmo do quarto – a família dentro da casa.

Segundo Almir de Andrade,[47] "é pela experiência do existir, pela interpretação quotidiana das vivências que acharemos sempre as essências de nós mesmos; e é também pela experiência constante com os outros seres existentes no mundo que alcançamos a essência de cada um deles". No tempo e no espaço vazios não é possível chegar à essencialidade, não há como completar o conjunto onde todas as partes se harmonizem. De resto, o destino do ser humano será apenas o NADA.

Nessas condições, ele se depara com a angústia do vir-a-ser diante do nada de sua existência e vive no encalço das possibilidades de ser e assim "cria a sua própria história e, historicamente, vive a sua própria temporalidade", projetando-se no futuro para realizar-

---

[46] Ibidem, p. 113-4.

[47] ANDRADE, Almir. O ser e o tempo. *As duas faces do tempo*. Rio de Janeiro: José Olympio, 1971, p. 110.

se. Por esse filósofo, o homem "é o ente que se projeta no horizonte da temporalidade, buscando angustiosamente, e às vezes desesperadamente, o próprio devir, na autenticidade do ser que é o seu ser ainda não realizado, porque foi lançado no mundo e nele decaiu, ao ser privado de existência autêntica e compelido a viver inautenticamente na banalidade e no terra-a-terra do quotidiano".[48]

Ao entrar em relação autêntica com o outro, entretanto, esse ser ascende da tangência terrena, inferiorizada, pequena e mesquinha, para a dimensão humanizada, reconhecendo-se na interpessoalidade que assim o eleva da trivialidade e o livra da angústia do vir-a-ser.

A casa e a contracasa: o SER e o NADA

Defrontando CASA e CONTRACASA em uma proposição dialética, demarcamos a ambigüidade da existência humana a oscilar entre o SER e o NADA. Tratando-se do verso e reverso de um mesmo núcleo, elas formam a metáfora com que se torna possível apresentar o homem em relação a esses extremos, ressaltando os caminhos de liberdade com os quais ele delibera escapar à degradação de viver atirado no mundo sem reação e sem ação. No fazer, na busca de valores autênticos que lhe permitem fugir ao nada, ele se salva de uma vida indigna.

Antagônica à casa, a contracasa é o elemento desintegrador, incide na ausência de um lar, é a inexistência do núcleo afetivo, do lugar sagrado do recolhimento, sem o qual não se atinge a vida autêntica. Como na realidade essas faces se fundem e confundem por circunstâncias diversas e dissimulam-se pelas múltiplas máscaras sociais que somos obrigados a usar, buscamos na literatura a abertura

---

[48] Ibidem, p. 141.

A VIVÊNCIA E A INVENÇÃO NA PALAVRA LITERÁRIA

para melhor focalizar tal paradoxo, uma vez que, sendo arte, estabelece um discurso autêntico com o leitor e pode mostrar-lhe as saídas para recuperar-se como ser humano.

Na construção de tal discurso, Alice Vieira monta a narrativa pela voz de um narrador – criança, valendo-se da visão de mundo e da lógica infantis para apreender o cotidiano, muitas vezes desapercebido pelo adulto nos seus detalhes aparentemente insignificantes. De outro lado, Lygia Bojunga recorre ao processo da fábula, conjugando um universo maravilhoso com o realismo cotidiano, onde os animais falam e vivem livremente no mundo dos homens.

A criança e o animal não comparecem gratuitamente nessa construção, certamente são eles os elementos integradores na proposta de reconjugação dos homens, visto que eles próprios não sobrevivem desmembrados do conjunto ao qual pertencem. Eles não são partes isoladas, só ganham vida dentro do todo como uma de suas unidades, sem a qual eles próprios estarão incompletos.

Na obra de Lygia Bojunga, a imagem da contracasa está marcantemente acentuada, num misto de denúncia e invenção, realçando a situação de *ser* e *não-ser* na vida real. Assim, a fábula assume uma força crítica, tanto mais intensa pelas metáforas construídas ao longo da narrativa.

Em *O sofá estampado*, a imagem da casa inexiste. Sobressai apenas o objeto, supervalorizado na sua condição de coisa – *sofá* –, ocupando todo o espaço, em cujo cenário imóvel da reificação o ser humano é minimizado e os animais projetam-se como atores em um palco.

> "É pequeno, só tem dois lugares. E fica perto da janela. Pro sol não desbotar o estampado, a Dona-da-casa fez uma cortina branca, fininha e toda franzida... [...]
> O sofá estampado é uma graça. [...] O resto todo da sala foi arrumado pra combinar com o sofá: poltrona verde-musgo, tapete marrom, espelho redondo pra botar na parede branca

um pouco de estampado, e mais isso e mais aquilo, e mais a Dalva também. Porque o sofá estampado não é só ele e pronto; é ele, e a Dalva." [...]

"De vez em quando a Dalva levanta o pescoço querendo se ver no espelho; ela sabe que é tão bonita, ainda mais sentada no sofá estampado... [...]
Lá pelas tantas chega o namorado da Dalva, o Vitor [...] mas ela nem repara: o olho grudado na televisão.
O Vitor é um tatu e a Dalva é uma gata angorá". [49]

Nesse cenário, são protagonistas a *gata* e o *tatu*, animais inseridos no ambiente dos homens, sem perder suas características, mas falando e comportando-se como seres humanos. Expressando uma crítica à hiper-realidade e ao vazio do tempo e do espaço-simulação, Vitor e Dalva contrastam com as pessoas, meros coadjuvantes, propositadamente despersonalizados, sem rosto e sem identidade, como a Dona-da-casa.

No que se refere à fábula, trazemos o comentário de Nelly Novaes Coelho, em *Dicionário crítico da literatura infantil e juvenil brasileira*, a respeito de *Os colegas* (Lygia Bojunga):

[...] a fábula moderna, em lugar de ser basicamente exemplar (como a antiga), torna-se essencialmente crítica [...]. Um dos fatores inovadores deste esquema fabular é a identificação entre o maravilhoso (bichos falando e agindo como gente) e o real [...], fundidos numa só realidade. Isto é, em lugar de procurar o maravilhoso num espaço ou tempo fora da História, Lygia descobre-o no próprio real que está ao alcance do leitor. [50]

---

[49] BOJUNGA, Lygia. *O sofá estampado*. 22. ed. Ilust. Regina Yolanda. Rio de Janeiro: José Olympio, 1997, p. 9-11.

[50] COELHO, Nelly Novaes. *Dicionário crítico da literatura infantil juvenil brasileira*, cit., p. 656.

A VIVÊNCIA E A INVENÇÃO NA PALAVRA LITERÁRIA

O sofá estampado, na fonte acima citada, ganha a categoria de uma "novela satírica (que se confunde com fábula ou ainda com romance de aprendizagem)" com uma visão de mundo que "funde *realidade* e *irrealidade* ou razão e imaginário". Identificando-se com a perspectiva do realismo mágico ou maravilhoso, esse "modo de ver a vida, o mundo ou o real tem sido mais natural e freqüente na literatura infantil, pois corresponde à percepção do mundo, ao nível do pensamento mágico, natural na criança".[51]

Na invenção de os animais transitarem no ambiente familiar dos homens, fato ao mesmo tempo estranho, absurdo ou mágico, Lygia Bojunga fantasia ao leitor criança e, estrategicamente, toca o adulto, na intenção de apontar para o nada em que, às vezes, ele mergulha. Contando a história de amor do tatu Vitor pela gata Dalva, a autora denuncia a coletividade, ludibriada por interesses capitalistas em que o homem se petrifica e se aliena diante do apelo ao consumo. E direciona a sua crítica à televisão, veículo condicionador de atitudes e comportamentos na sociedade contemporânea; componente de dependência total, em muitos casos, e por atingir um grande número de pessoas dentro e fora do território de transmissão, esse veículo de comunicação à massa instala ser verdade, existir apenas o que aparece na TV: o olho pregado na tela e a passividade tomando conta do ser de ação.

"[...] o que a Dalva curtia mesmo era ver televisão".[52]

"– Mas olha, Vitor, olha!
– Pra onde?
– Pra televisão! [...]
– [...] Pra ter status a gente tem que morar onde eles mostram.
– Dalva, olha pra mim!"[53]

---

[51] Ibidem, p. 664-5.
[52] BOJUNGA, Lygia. Op. cit., p. 15.
[53] Ibidem, p. 18.

A CASA

Rosa Maria Bueno Fisher em *O mito na sala de jantar*[54] apresenta a televisão como meio de comunicação a satisfazer as necessidades mais amplas e gerais dos homens, ligadas às suas esperanças, sonhos e inquietudes existenciais, uma vez que apresenta narrativas que atendem a suas expectativas e também levam o homem a se situar em relação a sua própria condição de ser contingente.

O que o mito e o rito realizam pela socialização, nas sociedades primitivas, fazem os meios de comunicação na sociedade atual, atingindo uma grande coletividade pela espetacularização do real. Toca a afetividade sem passar pelo intelecto, apanhando o espectador somente pela emoção e apresentando a informação de forma instantânea, já filtrada pela sensibilidade, muitas vezes manipulada de acordo com interesses da mídia.

Por outro lado, a televisão em nossa vida cotidiana é também um instrumento mágico e poderoso: o simples apertar de um botão no aparelho ou no controle-remoto coloca o receptor de qualquer idade diante de um espetáculo. A TV cria mensagem em que preponderam o sensorial e o emotivo, facilitando o desencadeamento de processos psicológicos da projeção e da identificação.

As narrativas televisivas falam a linguagem do mito e por isso têm uma função real na vida das pessoas, mas a mitologia só será fecunda se houver vigilância, critério; caso contrário, o espectador ficará à mercê do que lhe é comunicado, exposto ao discurso persuasivo. Em relação às crianças, essa situação é deveras preocupante pelo fato de estarem confinadas em espaços restritos, abandonadas durante grande parte do dia diante da TV.

Reforçando a passividade, física e intelectual, e o embotamento dos sentidos por uma grade de condicionamentos, a televisão incumbe-se de criar um simulacro ainda mais perigoso, tornando real e

---

[54] FISHER, Rosa Maria Bueno. *O mito na sala de jantar*. Porto Alegre: Movimento, 1984.

verdadeiro aquilo que, por vezes, é absolutamente falso. Dimensiona um espaço confortável e grandioso enquanto aprisiona o seu receptor dentro de uma programação e de um discurso que o bestializa em atitudes e idéias forjadas e, temporariamente, incutidas.

Fazendo o telespectador acreditar em tudo o que ela anuncia e na forma de vida que ela modeliza, dilui todas as referências desse receptor, inclusive aquelas que o fixam e revelam dentro de sua própria casa. Sem cerimônia, invade o espaço privado do homem e dita as regras de como ele deve viver e conviver com seus semelhantes. Banaliza seus sentimentos, joga deliberadamente com suas emoções e deixa-o perplexo diante daquilo que veicula, para logo em seguida apagar de sua mente o que lhe comunicou.

Olhos pregados no televisor são os olhos sem visão, da dependência total, como os de Dalva, cuja postura denuncia especialmente a inoperância do olhar – os olhos que não vêem, apenas recebem imagens que se acumulam, sem processamento na mente do receptor.

Telespectadora mais assídua, premiada por ver 12 horas de TV por dia, Dalva é a metáfora da alienação, que só adormece quando a emissora diz "boa noite".

> " – Prêmio é um grande incentivo, não é? Veja a Dalva. Há muito tempo que ela vem assistindo 12 horas de tevê por dia... [...] Depois do prêmio ela resolveu se aplicar mais: passou pra 15 horas por dia". [...]
>
> "[...] o Vitor somou tudo que é hora que a Dalva passava no sofá estampado, com mais hora de comer, e mais hora de dormir, e mais hora de tomar banho, e chegou ao seguinte resultado: ela só vai olhar pra mim se eu apareço na tevê". [55]

---

[55] BOJUNGA, Lygia. Op. cit., p. 64-6.

As imagens transmitidas pela televisão formam um imenso caleidoscópio de figuras que transitam e imediatamente se apagam no cérebro do receptor, captadas por um olhar inativo, propositadamente transmitidas para serem esquecidas no momento seguinte. Fixam-se apenas as imagens de apelo e de experimentação, sem haver nenhum acréscimo ao ser que, estático, posta-se diante do vídeo. Os *flashes* e os fatos se sucedem num *continuum* que anula o que não deve ser incorporado pelo telespectador e aquelas imagens que devem perdurar são atiradas para dentro das casas e dos ambientes privados como situações e produtos que o receptor precisa assimilar, sem conceder-lhe tempo para analisar o que está recebendo.

Em *O sofá estampado*, verifica-se uma crítica a esta situação, insinuada por uma leve ironia que se expressa através de um fantástico que não lida com o sobrenatural para instalar o estranho (animais agindo e falando no meio dos homens), mas trata de lançar mão de um maravilhoso que mistura a fantasia com o hiper-real: a gata Dalva premiada por ser a telespectadora mais assídua da TV; o tatu Vitor perfurando a terra para sair no passado; em outros momentos, esse personagem animal usado nas partes de seu corpo para comercial televisivo.

Por intermédio do irreal, do estranho e, intencionalmente, do absurdo, Lygia Bojunga concretiza o nada, o vazio que vai tomando conta do real, contra o qual o homem precisa lutar para não degradar-se em não-ser.

Como apresenta Almir de Andrade, [56] "o nada [...] está implícito na idéia do ser, e até mesmo no fundamento do ser do homem, do *Dasein*, onde a constante presença do nada se revela pela angústia", mas esse homem pode vencer tal estado pela liberdade de escolha no FAZER. "Podemos extrair [...] da angústia desse nada um

---

[56] ANDRADE, Almir. Op. cit., p. 115-9.

A VIVÊNCIA E A INVENÇÃO NA PALAVRA LITERÁRIA

novo ser, uma nova essência, entregando-nos à tarefa resoluta de sermos arquitetos de nossas próprias vidas", escapando à inautenticidade e ao perigo de cair no NADA.

Sempre há uma saída, uma porta, uma janela que se abre para o ser social fugir à degradação, mesmo que seja um "buraco", como aquele que o tatu Vitor *cava* no sofá ao impulso da primeira reação ante a indiferença de Dalva pelo seu amor.

> "– Dalva, olha pra mim!
> – Psiu.
> – A gente tem que falar do casamento.
> – Quando acabar a novela. [...]
> – Dalva, escuta, com você eu moro em qualquer endereço, mas quando é que a gente casa, me diz, me diz!
> – Pronto, começou. Só quero ver se eles vão fazer as pazes. [...]
> – Dalva, olha pra mim, escuta. [...]
> – DALVA!
> – PSIU!
> O Vitor ficou num nervoso que só vendo. [...] Empurrou a almofada, foi se enfiando pelo buraco adentro, a unha o olho a pata procurando um chão para cavar..." [57]

> "[...] e depois que o chão do sofá se tapou de tudo que a Dalva não quis saber, o Vitor baixou a cara e desatou a cavar. Depressa; com toda a força; quem sabe cavando com força ele acabava esquecendo da Dalva? [...]
> [...] e ele foi cavando e cavando e cavou. E depois que acabou o cimento e veio a terra, ele continuou do mesmo jeito, se enfiando cada vez mais fundo no túnel que ele ia fazendo, sem nem parar pra pensar onde é que o túnel ia dar. Cavou até gastar toda a força e muita mágoa, nem sabia quanto tempo. Cavou tão fundo que foi dar no tempo que ele era tatu criança". [58]

---

[57] BOJUNGA, Lygia. Op. cit., p. 17-8.

[58] Ibidem, p. 20.

A CASA

"Ele foi cavando e cavando e cavou" um túnel no seu FAZER para chegar num tempo com dia e lugar marcados na sua história a fim de resgatar a sua dignidade e depois poder atingir a sua essência; um túnel cavado para dentro de si mesmo em busca de seu interior para não se anular em sua individualidade por causa da alienação de Dalva.

> "Vitor voltou pro passado, numa terça-feira de manhã. Ele estava na segunda série, e as férias tinham recém-acabado. Ainda era verão na floresta onde ele morava; toda a tarde chovia; a terra sempre molhada cheirava bom toda vida e fazia o mato crescer cada hora. [...] E o Vitor ficava horas a fio de olho comprido pras árvores: tudo tapado de folha nova e de flor roxa, amarela e branca [...] ô coisa boa de ver!
> E então, na terça-feira de manhã, o Vitor saiu pra escola cedinho e pegou o caminho mais comprido, só pra ir curtindo mais comprido tanto cheiro gostoso e tanto canto no ouvido e tanta coisa pra ir vendo, querendo lembrar 'quem foi que me ensinou a gostar assim do mato? ou quem sabe isso é coisa que tatu já nasce gostando?' E lá se foi ele pensando, sem nem poder imaginar o que ia acontecer na aula de português. Dez horas. Aula de português." [59]

O túnel levou Vitor a um tempo em que se deparou com o início de seu engasgo, de seu medo, de sua tristeza, de suas frustrações, todos na manifestação de uma tosse sufocante e aflitiva; tosse mais representando sua vontade de desaparecer do que engasgo propriamente dito.

> "Uma tosse que vinha lá do fundão dele e sacudia o corpo, o focinho, botava a cara vermelha, o olho meio fechado, pingando lágrima no chão (ô! mas que vontade de sumir)." [60]

---

[59] Ibidem, p. 21.
[60] Ibidem, p. 25.

Cavando, cavando para fazer um túnel e fugir a situações de conflito é o impulso somente no imediato da reação – "bateu o nervoso ele cava"–, porém, enfiar-se na terra para atenuar a tosse e continuar cavando, cavando, representa muito mais: a busca desesperada para encontrar uma saída. Nesse processo de interiorização, Vitor procura a solução para os seus engasgos e não apenas a fuga de situações que o afligem; pretende a qualidade total que é a qualidade de vida integral.

> "Assim que o Vitor se enfiou na terra a tosse parou. Mas ele continuou cavando e cavando. A voz da professora foi ficando lá longe e sumiu. O Vitor viu uma escada." [61]

> "A unha do Vitor não agüentou mais: começou a cavar a terra feito louca. O Vitor foi indo atrás; sumiu no túnel que ela fez. E a unha foi cavando, foi cavando, até a voz da tal Dona Rosa sumir de vez.
> Foi só Vitor ficar escondido e sozinho lá dentro do túnel que a tosse foi melhorando; depois de um tempo passou. E aí o Vitor se encolheu pra dentro da carapaça até ficar feito uma bola. Foi assim, todo metido dentro dele, que ele ficou sofrendo fundo de terem matado a Vó.
> Só quando o corpo começou a doer de tão enrolado é que o Vitor se esticou de novo. Abriu o olho. Tomou o maior susto: na frente dele tinha uma escada." [62]

A escada que várias vezes se materializa na sua fuga, no túnel interior em que se esconde, cavado dentro de si mesmo, apresenta-se como uma saída, da interioridade para a realidade, no aqui e agora onde a vida se cumpre. Por ela ele poderá ascender e libertar-se de seus medos, de suas limitações, de suas mágoas e enfrentar a vida de fora. Para tanto, precisa escolher, usar de sua liberdade e decidir sair do buraco, por esta escada de onde há de emergir o novo Vitor.

---

[61] Ibidem, p. 29.

[62] Ibidem, p. 46.

A CASA

Encontrar a escada é a possibilidade de escapar ao nada, escapar do buraco vazio e escuro onde o ser fica anulado; resolver galgar os seus degraus é liberdade, depende da escolha de cada um. A escada, que "brilha" no fim do túnel, aparece e desaparece à visão de Vitor porque está ligada ao seu interior, ao seu desejo, mas há indecisão para sair do conflito. Quando as complicações reais aumentam, ela se apaga na sua visão e desaparece por falta de iluminação interior em Vitor, desvanece-se diante de sua hesitação, de sua negação e fraqueza para encontrar a saída.

> "O Vitor saiu correndo quando ouviu a voz do tatu-colega.
> Despencou escada abaixo. [...]
> Assim que o colega foi embora o Vitor se virou pra escada.
> Não tinha mais. E não tinha mais luz..." [63]

O simbolismo da escada está ligado à idéia de centro ou eixo, descreve a ascensão, tendo como ponto de partida o mundo sensível, elevando-se de degrau em degrau, para o inteligível e a construção do conhecimento. Além disso, em relação à espiritualidade, projetam-se, na verdade, escadas paralelas ou degraus paralelos em uma mesma escada, onde energias positivas e negativas se antagonizam e forçam o ser a manter o equilíbrio entre elas durante a subida. Da perseverança e da força interior de enfrentar essa escalada, nascerá o novo homem.

No equilíbrio, a escada ergue-se como uma unidade na qual o alto e o baixo, o céu e a terra podem se encontrar, este mesmo céu que Vitor não consegue alcançar porque a imagem se apaga no final do túnel.

> "E não tinha mais luz, nem pedaço de céu aparecendo, não
> tinha mais nada. [...] E já era também de noite quando o
> Vitor desistiu de procurar e saiu do túnel. [...]

---

[63] Ibidem, p. 31.

A VIVÊNCIA E A INVENÇÃO NA PALAVRA LITERÁRIA

> [...] era só ficar sozinho que ele saía procurando o lugar que ele tinha cavado naquele dia. Achava. Cavava. Saía no mesmo túnel. Só que não tinha mais escada nenhuma.
> O tempo foi passando. E de tanto nunca mais achar a rua o Vitor acabou se esquecendo dela". [64]

Esquecer-se da "rua que era só dele" e não procurar mais a escada não foi questão de tempo, tempo concreto ocupado com a luta diária; refere-se ao tempo interior da busca, pois não bastou "cavar fundo" e sumir "lá pro passado". Ao retornar para o presente – ou para a realidade –, os problemas continuavam lá, os mesmos: a Dalva ligada na TV e desligada da vida, o Vitor explorado como um objeto, usado para anunciar produtos a serem lançados no mercado.

> "A Dona Popô chamou ele na Z. E avisou:
> – Você vai anunciar um cigarro novo: Status. É assim: você fuma outros cigarros, tudo irrita a sua garganta, você tosse à beça; aí você muda pra Status: não tosse nunca mais.
> O Vitor quase morreu de tossir pra poder anunciar e fumar o tal do Status. No meio da filmagem, a unha não agüentou: cavou. A Dona Popô deu ordem de aproveitar a cena de cavação pra um comercial de cavadeira elétrica: de uma filmagem só tirou dois anúncios; e a orelha de Dona Popô tremeu que só vendo". [65]

Por intermédio da metonímia, Lygia Bojunga também instala o estranho de se marcar a ação do personagem apenas com parte de seu corpo – *a unha a cavar* –, ressaltando mais uma vez a alienação pela inconsciência do indivíduo em relação à totalidade de seu ser. A negação de todas as outras partes que compõem o ser Vitor transforma-se em afirmação quando ele cava, buscando livrar-se de sua afli-

---

[64] Idem.

[65] Ibidem, p. 96-7.

ção. A partir do momento em que o "ato é realização",[66] "o nada se metamorfoseia em SER" e a fuga torna-se procura, mas como "a essência do homem está em suspenso na sua liberdade",[67] o tatu só encontrará a saída, pela escada que o conduzirá à luz, quando deliberar sair do interior de sua carapaça.

A unha a cavar configura a parte de um ser, como se não houvesse a vontade anterior à ação; na verdade, essa parcialização representa a inconsciência do ser explorado pelo outro, aproveitado na sua fragilidade a corroborar ainda mais para o seu esfacelamento.

Há um paralelismo entre dois trechos da narrativa, marcando exatamente o espaço de tempo vazio na ação do personagem que não delibera fazer uso de sua liberdade para atingir a mudança: "O Vitor voltou pro passado numa terça-feira de manhã" – "O Vitor cavou fundo, sumiu lá pro passado..."[68]

Esses trechos demarcam o período e o lugar da degradação de Vitor, atingindo situações indignas de vida, em processo de destruição por causa de sua inconsciência, até ser descartado por um meio ao qual não mais interessava.

> "Quando o Vitor voltou na Z, a Dona Popô mandou um recado: 'Não tenho mais tempo pra falar com ele. Nem vou ter!'
> O Vitor procurou outras agências: em vez de mandarem ele entrar, mandavam recado! 'Ele não interessa mais! A tevê já espremeu tudo que ele podia dar!'
> E numa quinta-feira depois do almoço, a Dalva também mandou recado. Quando o Vitor chegou pra visita a Dona-da-casa só abriu uma fresta da porta e falou:

---

[66] BATAILLE, Georges. *A literatura e o mal.* Trad. Suely Bastos. Porto Alegre: L&PM, 1989, p. 165.

[67] ANDRADE, Almir. Op. cit., p. 116.

[68] BOJUNGA, Lygia. Op. cit., p. 21 e 96.

A VIVÊNCIA E A INVENÇÃO NA PALAVRA LITERÁRIA

– Vitor, meu filho, não leva a mal, mas a Dalva não quer mais saber de você." [69]

Não interessando mais ao mercado, não produzindo para o capital, Vitor não pertenceria mais à rede de comunicação de massa e, fora da TV, deixaria de existir, principalmente para a Dalva. Fora do simulacro, o tatu transforma-se em nada.

Felizmente, porém, sempre chega o momento da mudança, de tal forma que o nada se transforma em SER porque insta uma decisão. Não importa que haja inconsciência no início e nem que sejam necessárias várias tentativas para atingir a mudança, pois retornar (voltar) também faz parte do processo a fim de que se recolham os fragmentos que se espalharam pelo caminho para depois se recompor o todo.

A "unha" a cavar é apenas uma parte do ser reagindo, mas ainda é ação; a metonímia expressando o próprio Vitor é um de seus pedaços à procura de um todo, do indivíduo rumo à descoberta de sua totalidade.

"A unha riscou o chão pensativa. E... quem sabe tinha chegado a hora de voltar?
E sem saber muito bem se tinha ou não tinha, o Vitor foi indo embora, atravessando a rua, dobrando a esquina, deixando a cidade pra trás." [70]

A viagem de volta à floresta "parecia que não acabava nunca mais, sobrava pensamento", para ele se lembrar de tudo o que o fizera tão infeliz, até dormir e entrar em um mau sonho do qual desperta para lembrar-se novamente da "sua rua". A vontade de encontrá-la foi tão forte que "ele sai correndo. Só querendo lembrar direito onde é que ia cavar pra achar logo a escada".

---

[69] Ibidem, p. 98.

[70] Ibidem, p. 99.

"O Vitor foi indo, foi cavando, mergulhando, se enterrando até encontrar de novo a escada. Olhou pra cima: o buraco abrindo pra rua, o céu com cara de chuva feito daquela outra vez; subiu." [71]

Ao subir reencontra a rua, com o "mesmo cheiro de jasmim", o "mesmo silêncio" e a "mesma impressão de que, lá no fundo, de repente, alguém ia aparecer. Só que agora o Vitor sabia que *alguém* era a mulher que não tinha rosto e dessa vez Ela ia levar ele junto". [72] Enquanto esperava, quem chega é o Inventor, com a mala da Vó, onde se encontram o diário de viagem, a lente, o álbum de fotos.

"Aos poucos, devagarinho, foi dando vontade de começar onde a Vó tinha parado.
Olhou pra rua. Começou a achar horrível aquele cheiro de jasmim, o limo no telhado, o céu assim tão cinzento. E só de pensar que podia encontrar a Mulher e o lenço de seda se apavorou; quis ir embora depressa. Atravessou o túnel correndo. Pra sair logo lá fora." [73]

O espaço (rua) conflui para o tempo da realização, pois Vitor sabia o que queria e qual direção tomar.

"[...] lá fora era tão bom. E quando olhou para a unha viu que estava quieta, feito coisa que agora ia dormir muito tempo. [...]
[...] agora ele sabia o que queria 'e eu não quero mesmo vender carapaça, viu, pai?' E falou do trabalho da Vó. Contou que queria fazer uma coisa parecida. E o bom foi que falou tudo sem se engasgar e nem tão baixinho assim..." [74]

---

[71] Ibidem, p. 102.
[72] Idem.
[73] Ibidem, p. 105 .
[74] Ibidem, p. 107.

Recorrendo mais uma vez a Humberto Mariotti, [75] "nenhuma transformação importante acontece sem o auxílio de valores", os quais Vitor recebe por meio da "mala da Vó", misto de memória e herança afetiva, conjugados com o que assimilou vivendo. A legitimidade humana depende dos valores, pois o ser representa os valores que vivencia e incorpora, por isto o tatu consegue livrar-se de tudo e estruturar o seu projeto de vida.

Pelos valores, o homem transforma-se no ato realizado e o Nada torna-se o Bem, perde o poder de aniquilar. Paralelamente, essa é a forma como se realiza a invenção do homem no cotidiano, para vencer a repetição, a mesmice, a formatação e escapar à alienação. Mantém-se o valor "gente" sobre a "coisa" e o ser desponta renovado.

Por isso, um dia Vitor arrumou a mala e "foi pra Amazônia". Encontrara a própria essência e os valores autênticos na maleta da Vó, com base nos quais poderia finalmente empreender a "viagem" ao encontro de sua identidade para depois transformar a realidade: lutar pela preservação da mata, pelos direitos dos bichos, pelo respeito dos outros. Dalva foi um Mal que se transformou em Bem – a negação de Dalva ao amor de Vitor e à vida levou-o à reação e à salvação. Ele deixa de ser o indivíduo degradado na sociedade para tornar-se o ser integral.

O "cavar" da fuga cede lugar ao "escavar" da pesquisa, nas descobertas, na doação ao outro, na competência de ser; longe da competitividade, do consumo, da alienação, a viagem passaria a ser seu próprio trabalho, seu compromisso. Na ação de *escavar*, ele se livra da coisificação a que estivera reduzido pela mídia e pela máquina mercantilista, com as partes de seu corpo servindo ao fetichismo da mercadoria na grande rede publicitária. Liberta-se, pela sua escolha, da deformação por valores inautênticos que comandam a sociedade do consumo.

---

[75] MARIOTTI, Humberto. Op. cit., p. 173.

A CASA

No caminho da liberdade, Vitor atingiu a sua saída: cavando, cavando, encontrou a escada, subiu e saiu do túnel para a nova vida – a *escavação*. Nesse termo, encerra-se o sentido da busca – "tirar para fora da terra, para fora da cava" o que ainda não foi descoberto, aquilo que ainda não é conhecido, o que ainda precisa ser desvendado.

Todo o esquema fabular que se constrói pela trajetória do animal Vitor já traz em si mesmo um valor autêntico, o valor da literatura na crítica de uma condição de vida em que o leitor (homem) pode se espelhar para refletir. E recomeçar, enquanto gente, de onde Vitor parou:

> "[...] quando ele encontra uma flor no caminho, a lembrança
> ainda dói pensando na Dalva e num
> amarelo bem clarinho
> todo salpicado de flor
> ora é violeta, ora é margarida
> e lá uma vez que..." [76]

Prosa narrativa transformada em versos reintroduz o processo da fábula em uma perspectiva circular pela qual o leitor pode reatar-se, entrando pelas reticências com que termina o texto e não aceitar ser o indivíduo problemático de uma vida econômica orientada exclusivamente para os valores degradados de uma sociedade produtora para o mercado.

Sobre esse ponto coincidem o fazer do personagem e o fazer literário como ato comunicador, expandindo o ato realizador além do texto, na leitura. Georges Bataille afirma que "a literatura é comunicação":

Ela parte de um autor soberano, além das servidões de um leitor isolado, ela se dirige à humanidade soberana. Se é assim, o autor nega-se a si mesmo,

---

[76] BOJUNGA, Lygia. *A casa da madrinha*, cit., p. 107.

nega sua particularidade em proveito da obra, nega ao mesmo tempo a particularidade dos leitores em proveito da leitura. A criação *literária* – que é tal na medida em que participa da poesia – é esta *operação soberana* que deixa subsistir, como um instante solidificado – ou como uma seqüência de instantes – a *comunicação*, separada, na natureza da obra, mas ao mesmo tempo na leitura. [...] Se há comunicação, a pessoa à qual se dirige a operação, em parte, no instante, se transforma ela própria em comunicação.[77]

O ser integral

O ser integral sobre o qual o leitor pode refletir por meio do *novo Vitor* para tornar-se ele próprio o *novo homem* descobre-se pelo protagonista também no livro *A casa da madrinha*. Nessa criação, Lygia Bojunga funde o realismo com o cotidiano contando "as aventuras e desventuras de Alexandre, um garoto que vendia coisas nas praias do Rio de Janeiro e que, um dia, resolve se pôr a caminho para encontrar a 'casa da madrinha' onde todas as suas carências seriam resolvidas".[78] E pelo caminho encontra um pavão e uma menina com quem realizará muitas invenções.

Colocando em paralelo os personagens desse livro com os do anterior, Alexandre e Vitor compõem a figura do ser em busca de sua autenticidade e de sua essência. Como Vitor, o menino Alexandre um dia toma a decisão de, num domingo, sair do lugar da fome, do perigo e da carestia e empreender a viagem ao encontro da casa da madrinha.

> "Alexandre ia do Leme ao Posto Seis, do Arpoador ao Leblon com a caixa de sorvete pendurada no ombro. Não vendia

---

[77] BATAILLE, Geoges. Op. cit., p. 165-7.

[78] COELHO, Nelly Novaes. *Dicionário crítico da literatura infantil e juvenil brasileira*, cit., p. 663.

quase nada. Sentava pra descansar olhando o mar. E pensava na casa da madrinha." [...]
"Tinha que escapar de ser atropelado, tinha que escapar de ser empurrado, tinha que escapar de tanta coisa, que chegava em casa de língua de fora. Foi daí pra frente que ele deu pra pensar cada vez mais seguido na casa da madrinha". [...]
"Então, quando foi num domingo, Alexandre resolveu que a caixa de sorvete ia servir de mala, e se mandou sozinho mesmo lá pra casa da madrinha". [79]

Na perspectiva dessa viagem, a "casa da madrinha" figura como a metáfora a engendrar a invenção que acena para a possibilidade do vir-a-ser. Mesmo não partindo de proposição existencialista, verificamos a base fenomenológica nessa criação de Lygia Bojunga, que desenha o horizonte da viagem como a possibilidade da escolha. O ser só existe para o Nada quando não pratica a sua liberdade, revertendo a situação pelo seu fazer. Dentro da tese heideggeriana, Sartre[80] injetou uma saída libertadora para o ser escapar do nada e retirar de sua angústia a chance de se construir como um novo ser.

"Então, quando foi num domingo, Alexandre resolveu viajar", com dia e destino em sua decisão; deixou para trás a favela e o barraco e, considerando-se ainda parte do conjunto-família a que sempre pertenceria, saiu em busca de uma vida digna na *casa da madrinha*: toda branca e com quatro janelas, bem no alto de um morro, repleto de flores, ao final de um caminho estreito, com a porta azul onde uma flor esconde a chave que abre por fora. E dentro da casa, a cadeira querendo abraçar, o relógio comprido e o armário de madeira clarinha a oferecer roupa e calçado; e outro, na cozinha, pintado de branco, sempre disposto a oferecer comida.

---

[79] BOJUNGA, Lygia. *A casa da madrinha*. 13. ed. Ilust. Regina Yolanda. Rio de Janeiro: Agir, 1993, p. 51-3.

[80] ANDRADE, Almir. Op. cit., p. 119.

"– A gente nem precisa saber: é só pensar 'tô precisando de uma meia' e pronto: o armário abre a gaveta pra gente..." [...]

"[...] o armário branco nunca tá a fim de ver gente com buraco na barriga; então, é só a gente abrir ele, que sai pão, sai bolo, sai biscoito..." [...]

"[...] É só abrir a porta de novo que o armário desata a dar tudo outra vez". [81]

Não bastava ter "olho vivo" para escapar de carro, de ônibus, de encontrar freguês na rua para não morrer de fome. Era preciso encontrar outra forma de vida para não desgraçar-se em meio à miséria. O "olho vivo" estaria para as coisas novas na viagem da busca, para conhecer tantas outras coisas que trouxessem conhecimento e amadurecimento para Alexandre. Em lugar da queda (*Verfallen*) de ser privado de existência autêntica, o menino merece ganhar experiências e vivências que o projetem num futuro de SER.

"A situação em casa continuava apertada; domingo Alexandre ia pra praia; era dia de vender amendoim. Depois começou a vender sábado e domingo. Batia papo com todo mundo, gostavam dele, vendia bem. As férias começaram. Alexandre deu pra vender na sexta-feira também. Na quinta. Na quarta. Depois só não ia se chovia. [...]

– Quem sabe é melhor Alexandre parar de estudar pra ficar trabalhando?" [82]

"Alexandre saiu da escola. Foi vender sorvete em vez de amendoim. Era mais pesado de carregar, mas pagava mais. De noite ficava pensando nos colegas, na Professora..." [83]

---

[81] BOJUNGA, Lygia. *A casa da madrinha*, cit., p. 46.

[82] Ibidem, p. 40.

[83] Ibidem, p. 41.

Alexandre, menino, era ainda criança, com direito de brincar e estudar, privado assim na sua dignidade infantil, sendo obrigado a trabalhar para ajudar no sustento da família, o tempo de ser criança gasto para ganhar o pão de cada dia. Numa época em que o trabalho absorve completamente o tempo de todas as pessoas, por obrigatoriedade e compulsão, em especial nem os pequenos estão sendo poupados, respeitados nos seus direitos.

Se voltarmos os olhos para as outras crianças, pertencentes a classes socioeconômicas privilegiadas, veremos a mesma compressão: o tempo da brincadeira e da construção do conhecimento, organizado pelo estudo, preenchido por uma agenda lotada em compromissos com academias, escolas de idioma e informática e outros apelos da sociedade atual.

Nesse sentido, a viagem de Alexandre instiga para a revisão deste fazer-sem-sentido, às vezes fútil e superficial, que se refere à exterioridade do TER sem levar em conta a formação do SER. Descortina-se nessa viagem aquele horizonte, eminentemente temporal, em que se encerram as vivências: tudo aquilo que o indivíduo deseja, pretende ou possui capacidade de vir a ser.

Dentro da experiência da viagem, a *mala* (maleta) e a *escada*, presentes na caminhada de Vitor, conjugam-se como insígnias do vir-a-ser, a mala metaforizando a busca, o crescimento, a bagagem de conhecimento e de experiências, os valores que cada pessoa adquire no seu processo de individuação e na relação permanente com os outros. A escada, ligada à simbólica da verticalidade, pontua a ascensão e a valorização do ser, pois no lugar onde o alto e o baixo, o interior e o exterior podem se juntar, ela se ergue como unidade.

Por ela, o tatu Vitor encontra a saída e enfrenta a realidade. Amadurece, atinge a sua essência e assume o projeto da Vó – seu horizonte temporal. Assim também Alexandre alcança a sua essência ao livrar-se do medo e da angústia de ser só, de ser pobre, de

A VIVÊNCIA E A INVENÇÃO NA PALAVRA LITERÁRIA

passar fome, de enfrentar os perigos da rua, de ser rejeitado. Para ele, porém não há escada, existe uma barreira, a *cerca*, além da qual seria proibido atravessar.

> "– O que é que tem depois daquela cerca? [...]
> – Não sei. Eu só conheço até a cerca". [84]

Diante da situação de separar-se da amiga Vera, em cujo sítio estivera abrigado com o Pavão, Alexandre reage a esta proibição: inventa um cavalo que o conduz, em companhia da menina, para além do limite imposto e, ao mesmo tempo, além da mágoa e da zanga de ser obrigado a partir daquele lugar.

> "[...] Alexandre e Vera se olharam. E aí Alexandre resolveu ir embora de uma vez e pronto. Mas quando foi dizer tchau, saiu uma pergunta que ele nem estava esperando nem nada:
> – Vamos andar a cavalo?
> – Onde é que tem cavalo?
> – A gente inventa um. [...]
>
> Chamaram juntos. Com toda força,
> – Aaaaaaaaaaaaah!
> E o cavalo apareceu. [...]
>
> O cavalo deu um pulo espetacular, passou por cima do rio, bateu na outra margem [...], galopando, galopando [...] corria, corria, corria cada vez mais. [...]
>
> [...] e a cerca chegando, chegando, chegando.
> – Pára! Pára!
> Vera fechou os olhos: não queria ver mais nada. Mas quem sabe era sonho e abrindo os olhos passava? Abriu. E viu a cerca bem na frente. Alta. Cheia de espinhos. Feia. Pra todo mundo ficar com medo e não passar. O Ah nem pestanejou: armou o pulo e saltou. Foi só ele passar que o sol sumiu. E ficou tudo bem de noite". [85]

---

[84] Ibidem, p. 14.

[85] Ibidem, p. 76-7.

82

Entretanto, a maior barreira não era a cerca, "feia, cheia de espinhos", mas o escuro, o medo, o vazio com que se defrontam as crianças além daquele limite. "Ficaram quietos de novo, olhando o escuro com medo, e sentindo na frente, atrás, dos lados, o Ah sumindo", desinventando sozinho, por causa do medo de Vera e Alexandre.

"– Você inventou ele uma vez; inventa de novo."
"[...] Mas não saía mais invenção nenhuma".

" – Então inventa outra coisa pra levar a gente embora daqui". [...]

"– Inventa uma coisa pra fazer barulho e pra gente não ficar achando que é só a gente que existe.
– Inventa, inventa!..." [...]

" – [...] Bem que eles disseram que a gente não podia passar pro lado de cá da cerca.
É castigo! [...]
– Mas castigo por quê ?
– Porque disseram que a gente só podia ir até a cerca. E a gente passou.
– Mas por que que o escuro é castigo?
– O escuro é ruim, a gente tem medo dele." [86]

A fim de sair do escuro e do vazio que se concretiza a ponto de tocá-los e prendê-los em amarras, Alexandre delibera usar de sua liberdade para não ficar tolhido pelo medo.

"[...] de tanto falar no medo, ficaram com a impressão certinha que o medo estava bem perto; era só estender a mão que pronto, tocavam nele. [...]

---

[86] Ibidem, p. 78-9.

– Parece que eu estou todo amarrado. É o medo que deixa a gente assim... [...]
[...] Eu não deixo ele me amarrar, não deixo... [...]
[...] Foi indo pra mais longe; se desamarrando, desamarrando. Mas Vera continuava tão amarrada que nem respirava direito; achava que respirando normal encostava no medo. Guardou a mão no bolso pra ainda ocupar menos lugar; encontrou um pedaço de giz..." [87]

A força libertadora de Alexandre torna-se ação em Vera, escolhendo riscar a escuridão com o giz para quebrar o medo.

"Quem sabe o giz também riscava a escuridão? Tirou a mão do bolso devagarinho. Tomou coragem e experimentou desenhar na frente dela a roda de um sol. [...]
Alexandre foi pra junto dela; pegou o outro pedaço de giz e foi desenhando também. Uma casa. Uma árvore. Uma onda no mar. Quanto mais os dois desenhavam, menos iam se importando com o escuro. [...]
– Vou desenhar a cara do medo." [88]

Nessa escolha se evidenciam os "caminhos da liberdade", revelando que o homem só existe para o nada quando ele não se inventa através dela. Por outro lado, a ação de desenhar já é inventiva por si mesma, traduz os sentimentos, os desejos, a imaginação de seu autor, expressivamente no homem primitivo e na criança, autênticos na sua criação fantasiosa diante do desconhecido e do inexplicável.

Ao desenhar a cara do medo, Alexandre desmistifica o escuro e o temor em si mesmo, enfrentando-o pela ridicularização que amplia ainda mais a força da inventividade.

"[...] começou a desenhar uma cara esquisita, toda inchada de um lado;

---

[87] Ibidem, p. 80.
[88] Idem.

– O medo tá com dor de dente. – E riu baixinho.

O Pavão gostou tanto de ouvir Alexandre rindo, que riu também.

Vera entrou na brincadeira: desenhou no medo uma orelha inchada e disse que estava com dor de ouvido também. Alexandre desenhou do outro lado uma orelha desse tamanhinho:

– Desse lado ele é surdo.

Vera falou pro medo:

– Palhaço! [...] – E desenharam na cara do medo dois narizes, um olho só e três bocas; botaram um chapéu medonho na cabeça; um colarinho de palhaço no pescoço; fizeram na testa uma conta de dividir bem marota; no lugar do bigode botaram uma borboleta; em vez de barba penduraram uma teia de aranha no queixo". [89]

O medo assim reinventado no desenho pelas crianças desce de sua tragicidade para a comicidade de uma caricatura de tal forma que não é mais medo. Destronado de sua imponência assustadora de escuro, apresenta-se de forma carnavalizada e grotesca, desencadeando o riso onde antes havia a paralisação e o aniquilamento.

"Os três se encolheram. Pra dar mais lugar pro medo, pra não encostarem nele". [...]

"[...] Vera continuava tão amarrada que nem respirava direito..."

"E não se importaram mais se o medo ia ouvir ou não: desabaram numa gargalhada. Andaram para trás para ver melhor o desenho, tropeçaram no Pavão, caiu todo mundo no chão, aí mesmo é que quase morreram de rir". [90]

Comparecem nessa caricaturização do medo algumas características da linguagem carnavalesca transposta para a linguagem literária, traduzindo os vários planos que se superpõem entre a invenção

---

[89] Ibidem, p. 81.

[90] Ibidem, p. 80-1.

A VIVÊNCIA E A INVENÇÃO NA PALAVRA LITERÁRIA

das crianças – personagens no desenho – e a criação de Lygia Bojunga na despersonificação do medo.

Profanada por um giz a riscar o escuro, a cara do medo é coroada por outros traços que lhe conferem uma renovação, propiciando a Vera e Alexandre o livre contato com um sentimento que antes os oprimia. Esse é um dos aspectos do caráter carnavalesco: aproximar os extremos hierarquicamente antagonizados para estabelecer uma familiarização que, nesse caso, destrói a distância trágica entre as crianças e o escuro.

Trabalhando sobre o duplo eixo da coroação – destronamento –, essa ridicularização reverte a face do medo dentro de uma ambivalência que traz a relatividade do choro e do riso, da coragem oposta ao medo. Na caricatura do medo está implícita a sua coroação e o futuro destronamento, ponto em que reside o núcleo da cosmovisão carnavalesca: "a ênfase das mudanças e das transformações".[91] Pelo riso Alexandre se desata de sua imobilidade por causa do medo e encontra a saída que o liberta do escuro.

> "E quando acabaram de rir tudo o que tinham vontade, Alexandre levantou e desenhou uma porta. Com maçaneta, fechadura, chave e tudo. Num pulo, Vera rodou a chave na fechadura, abriu a porta e os três saíram do escuro."[92]

Além do riso, encontrar a saída depende da vontade e de uma ação anterior – *levantar, desenhar, rodar, abrir* –, que se conjuga com a ação carnavalesca de criar uma vida ao contrário, invertida, como apresenta Bakhtin:

---

[91] BAKHTIN, Mikhail. *Problemas da poética de Dostoiévski*. Trad. Paulo Bezerra. Rio de Janeiro: Forense Universitária, 1981, p. 107.

[92] BOJUNGA, Lygia. *A casa da madrinha*, cit., p. 81.

[...] no carnaval todos são participantes ativos, todos participam da ação carnavalesca. Não se contempla e, em termos rigorosos, nem se representa o carnaval, mas *vive-se* nele, e *vive-se* conforme as suas leis [...]. As leis, as proibições e restrições que determinam o sistema e a ordem da vida comum, isto é, extracarnavalesca, revogam-se durante o carnaval: revogam-se antes de tudo o sistema hierárquico e todas as formas conexas do medo, reverência, devoção, etiqueta, ou seja, tudo o que é determinado pela desigualdade social hierárquica ou por qualquer outra espécie de desigualdade entre [...] os homens.[93]

Na escuridão que se apresenta às crianças além da cerca, particularmente a Alexandre, podemos inferir todas as situações do sistema social que tornam indigna a vida de um ser, todas as condições que impedem seu desenvolvimento e sua plena realização. É importante observar, nesse paralelo, como o homem comum supera a opressão da grade social com as formas mais variadas de invenção, inclusive o próprio carnaval, literalmente, que é uma forma de brincar com a realidade, conferindo-lhe feições jocosas onde antes havia a imagem da desgraça, da fome e da humilhação.

Atitudes dessa natureza criam o espaço de resistência em que o homem supera as circunstâncias deterministas do meio social, em forma de jogo e brincadeira que o apartam da vida quotidiana, pelo menos temporariamente. Essa invenção, proposital ou espantânea, pertence à vida 'comum', e a esse respeito Huizinga apresenta:

O jogo situa-se fora do mecanismo de satisfação imediata das necessidades e dos desejos e [...] interrompe este mecanismo. Ele se insinua como atividade temporária, que tem uma finalidade autônoma e se realiza tendo em vista uma satisfação que consiste nessa própria realização. É pelo menos assim que, em primeira instância, ele se nos apresenta: como um *intervalo* em nossa vida quotidiana. [94]

---

[93] BAKHTIN, Mikhail. Op. cit., p. 105.

[94] HUIZINGA, Johan. *Homo ludens*. 4. ed. Trad. João Paulo Monteiro. São Paulo: Perspectiva, 1996, p. 11-2.

A VIVÊNCIA E A INVENÇÃO NA PALAVRA LITERÁRIA

Entretanto, sem deixar de ressaltar o caráter ambivalente e relativo da visão carnavalesca que nada absolutiza, apenas proclama a alegre relatividade de tudo, vale lembrar que "do outro lado da porta" ainda haverá novos enfrentamentos.

"Do outro lado da porta tinha uma estrada iluminada", sem medo, sem amarras, nem imposições e proibições, onde Vera e Alexandre, sempre em companhia de um Pavão maravilhoso, puderam andar livremente e encontrar o Ah, "com cara de quem estava esperando os três. Foi só eles chegarem junto, que o Ah se abaixou e os três montaram outra vez". Depois de uma curva no caminho, avistaram um morro pequeno em cima do qual, "meio tapada de flor, tinha uma casa bem branca, com uma janela de cada lado, e mais uma porta azul". Na porta uma flor amarela e, dentro dela, a chave com a qual Alexandre entrou finalmente na Casa da Madrinha – a casa com o relógio grande, a cadeira do abraço, o armário de roupa; o outro, de comida, e atrás da porta que dá para o porão, a maleta da Professora.

A madrinha ainda viajando, mas ali estava a casa, toda preparada para receber Alexandre como se fora encantada por uma fada-madrinha, capaz de satisfazer-lhe todas as necessidades e, com um toque mágico, trazer de volta a Gata da Capa e o irmão Augusto, com seu vasto repertório de histórias.

Os elementos mágicos de que é dotada a casa coincidem com os objetos encantados dos mitos e dos contos de fadas, expressando-se por uma linguagem simbólica com que se representam conteúdos inconscientes por satisfação de desejos e alívio de todas as pressões. Cadeira do abraço, armário a oferecer roupa e comida atendem ao pensamento animista da criança, preenchendo o lado infantil do próprio homem de vencer magicamente as suas projeções.

Mesmo ausente, é feminina a figura que cintila na casa "tapada de flor", emanando de um mesmo centro beleza, conforto, proteção, afeto e nutrição, pertencentes às funções do Eterno Feminino, para aproximar Alexandre cada vez mais de sua essência. A "casa da madrinha" perfila como um ritual de passagem, pelo qual o ser masculino vivencia a *anima* no arquétipo da Grande Mãe e encaminha-se para a integralidade.

O reconhecimento da *anima* é essencial no processo de individuação desse ser, pois, segundo Erich Neumann, [95] "a anima, a 'imagem da alma', que o homem descobre no Feminino, é a própria feminilidade interior daquele homem, sua espiritualidade, uma instância da própria psique. [...] Ela é movimentadora e o impulso à transformação, cuja fascinação impele, seduz e estimula o masculino a todo tipo de aventuras da alma e do espírito, da ação e da criação no mundo interior e exterior". Esta passagem traz o indivíduo do plano inconsciente ligado às dependências do caráter elementar do Feminino ("conter") para a consciência do caráter de transformação.

Como a *anima* é o veículo por excelência do caráter de transformação, Alexandre precisou passar pela "casa da madrinha" para assimilar os aspectos da sensibilidade e avançar na sua trajetória de menino para homem. Por isso a "estrada iluminada" que conduz Alexandre à casa da madrinha vem da luz de uma lua cor de abóbora, transparecendo uma luminosidade difusa, que, na verdade, provém de seu interior, uma luz indireta de semiconsciência.

> "Do outro lado da porta tinha uma estrada iluminada por uma lua cor de abóbora. A estrada estava toda esverdeada e amarelada: a lua era da cor da casca da abóbora e não da abóbora por dentro. E dos lados da estrada era tudo cheio de árvore." [96]

---

[95] NEUMANN, Erich. *A grande mãe*. Trad. Fernando Pedroza de Mattos e Maria Silvia Mourão Netto. São Paulo: Cultrix, 1999, p. 41

[96] BOJUNGA, Lygia. *A casa da madrinha*, cit., p. 81.

Alexandre saíra da inação, tentando livrar-se da angústia de sentir-se preso pelo medo e, ao tomar tal decisão, envolveu também Vera e o Pavão, sendo uma responsabilidade que revela não ser o que fazemos o que justifica a nossa ação no mundo e define o nosso ser, "mas o 'próprio-fazer", quando resulta de uma adesão total e autêntica de nosso 'eu'"; conforme afirma Nelly Novaes Coelho.[97] A escolha pelos caminhos da liberdade traz uma consciência existencial que traduz o autêntico humanismo, pois, nesse sentido, inclui não apenas a si mesmo na transformação: sendo liberdade, o ser humano reinventa todos os homens ao inventar a si mesmo.

A criação de uma casa fantástica como a Casa da Madrinha desafia para a restauração do ponto de nidação a fim de que fique assegurado ao homem o direito aos sonhos e aos ideais e depois a realização no mundo tangível. Essa casa marca a possibilidade do vir-a-ser, o restabelecimento do projeto de vida de cada pessoa, contando com a vontade e a força para a concretização no aqui e agora onde a vida acontece.

Retornar da fantasia para a realidade, da ficção para o mundo de verdade, implica certamente dominar o tempo ou acertar os passos no compasso das batidas do relógio, elemento concreto de referencialidade com o real.

> "A casa da madrinha ficou num silêncio. Ficou muito tempo em silêncio. Mas de repente, o relógio de pé tomou o maior susto: lembrou que desde que a turma tinha chegado ele não tinha batido mais hora. Com tanto movimento, tanto entra-e-sai, tanta história, ele tinha se esquecido completamente da vida. Afobou. Não lembrou mais que horas eram. Desatou a bater tudo atrapalhado.

---

[97] COELHO, Nelly Novaes. *Escritores portugueses*. São Paulo: Quíron, 1973, p. 220.

> Foi só o relógio começar a bater, que Vera acordou num
> pulo: 'que horas são?'[...] Vera olhou o relógio de pulso;
> tirou a folha que tapava o mostrador." [98]

O relógio tentando acertar as horas cuida para entrar no compasso da vida real na qual Vera precisa se reinstalar, a mesma realidade para a qual todas as pessoas devem retornar, depois do jogo e da brincadeira, realimentadas no sonho e na fantasia. Preocupada com os pais e o tempo cronológico, Vera apressa-se a retomar o ritmo de sua vida – hora de jantar, hora de dormir, hora de ir para a escola – quando, subitamente, se vê assaltada pelo pensamento de trancar Alexandre na casa da madrinha.

> "Ela levantou aflita, o coração batendo assustado, a que horas o relógio tinha parado? Lembrou dos relógios todos da casa. Será que tinham parado também? Se não tinham, a mãe e o pai deviam andar atrás dela. Há quanto tempo? [...] E se eu fecho a casa e prendo Alexandre aqui dentro, pra ele ficar toda a vida, curtindo essa curtição?" [99]

A compressão do tempo na vida das pessoas também é uma das peças na armação dessa casa fantástica em que se verifica uma das particularidades da menipéia no processo fabular: "criar situações extraordinárias para experimentar uma palavra, a fantasia servindo à busca, à provocação e experimentação da verdade" [100] – a aventura na brincadeira, na viagem, na invenção para vencer situações opressoras reais, entre elas, o próprio tempo cronológico na vida cotidiana. Experimentar a verdade por meio da fantasia conota defrontamento e relatividade, portanto, teria sentido prender Alexan-

---

[98] BOJUNGA, Lygia. *A casa da madrinha*, cit., p. 88.

[99] Idem.

[100] BAKHTIN, Mikhail. Op. cit., p. 98-9.

A VIVÊNCIA E A INVENÇÃO NA PALAVRA LITERÁRIA

dre na casa da madrinha que assim permaneceria irreal, apenas sonho. E a casa de carência e miséria real inexistiria.

> "A vontade de prender Alexandre na casa da madrinha foi au-
> mentando, aumentando. Vera foi fechando as janelas com cuida-
> do [...] Trancou a porta azul. Guardou a chave dentro da flor." [101]

A sua vontade era guardar o sonho de Alexandre dentro da
casa e ele próprio no seu sonho de amiga-menina, considerando a
chave que só abre por fora, dentro da flor amarela. Mas como *chave*
guarda um duplo papel, de fechamento e abertura, carrega assim o
simbolismo do mistério, do enigma, da ação dificultosa, das etapas
que condizem com a iluminação e a descoberta.

A chave que abre por fora não abriria a porta para Alexandre preso
no interior da casa, permanecendo sempre menino em holograma de fantasia. A abertura, entretanto, não se dá pela porta, sucede por uma janela
que se desempena com tanto barulho que "todo mundo acordou".

"Foi só a janela empenada abrir que todo mundo acordou", num
efeito seqüencial que os levou para a garupa do Ah, de volta ao sítio
onde o pai de Vera plantava flor. E "foi só o Ah bater no chão que a luz
sumiu", o escuro mudando de lado, o cavalo desinventando e, com ele,
sumindo o Augusto e a Gata da Capa que até então conviveram com
Vera e Alexandre na casa da madrinha.

Novamente, o desenho foi o recurso de Vera para enfrentar o
escuro que então se estendia para dentro da cerca onde antes havia a luz.

> "Desenhou de novo a porta, a maçaneta, a chave, foi ficar
> tudo pronto que ela abriu a porta e os três saíram do escuro.
> Estavam no mesmo lugar onde ela e Alexandre, em vez de se
> despedir, tinham inventado o Ah." [102]

---

[101] BOJUNGA, Lygia. *A casa da madrinha*, cit., p. 88.

[102] Ibidem, p. 91.

A CASA

Retornar ao sítio representa voltar à realidade, da fantasia para a luta diária, das coisas relativas de luz e escuridão para a dureza da vida, da invenção em que o tempo não conta para a opressão no caminho cheio de espinhos e obstáculos, a estrada por onde Alexandre decide partir por seus próprios pés, sem invenção, mas reativado no sonho.

A escuridão do lado de dentro da cerca repassa como uma metáfora de duplo sentido: o retorno à inconsciência pelo medo de enfrentar a realidade e a própria realidade no seu lado de dificuldades. Mas Alexandre seguirá "toda a vida para a casa da madrinha".

> "Alexandre enfiou a mão na flor pra pegar a chave da casa." [...]
>
> "Alexandre pegou a chave e guardou no bolso:
> – Que legal! Agora vou viajar com a chave da casa no bolso; não vou mais ter problema nenhum. [...]
>
> [...] Ele disse que no dia que eu botasse a chave no bolso, o medo não ganhava mais de mim. [...]
>
> Alexandre pendurou a mala no ombro e foi andando; o Pavão emparelhou com ele. Foram sumindo e sumindo; e aí sumiram de vez numa dobra do caminho." [103]

O menino está atingindo o autoconhecimento, ganhando confiança para prosseguir na sua caminhada particular; realiza a sua escolha e engendra a própria história de ser homem. Revela a possibilidade do não-ser que se desloca da ficção para a vida, onde se encontra o herói comum de cada dia.

A ação do personagem projeta o devir de cada um de nós, na nossa escolha de sairmos por portas e janelas em busca de nossa essência, sem cairmos na degradação e nem sucumbirmos às imposições, às proibições, à miséria, à padronização. Sobretudo, importa

---

[103] Ibidem, p. 93-4.

rejeitar a Escola Osarta do Pensamento, perseverando pela estrada com nossa maleta ao ombro; superar nossas limitações e nossos medos, ousando atravessar a "cerca" e enfrentar a escuridão do NADA e a relatividade de tudo na vida.

Alexandre some numa "dobra do caminho", pois dali para frente a perspectiva é o desdobramento de muitos passos e curvas de sua experiência individual, como todas as pessoas, cada uma no "seu tempo próprio de ser o que é, ou de vir-a-ser o que ainda não é".[104]

Nessa perspectiva, o SER e o NÃO-SER, na oscilação do homem entre o FAZER e o NADA, expandem-se das imagens *casa* e *contracasa* analisadas na obra das autoras em foco. Como o projeto de vir-a-ser depende da vontade, da disposição interior de cada pessoa pôr-se a andar para encontrar as saídas, tanto Lygia Bojunga como Alice Vieira propõem-se ao fazer-literário que representa em si um caminho: a *leitura*. Envolve o outro no processo de criação e inventa todos os seres e todas as coisas, inaugurando um novo real através da literatura.

Levando em conta que a leitura é liberdade, o leitor – uma entidade prevista no processo narrativo e, ao mesmo tempo, na vida real – poderá vivê-la como uma aventura de se lançar nos bosques da ficção para assumir o seu projeto existencial. É importante entrar pelas aléias desses bosques, porque nesses caminhos procuramos algo sobre nós mesmos. Sobre isto poetiza Umberto Eco:

> [...] a ficção nos fascina [...] proporciona a oportunidade de utilizar infinitamente nossas faculdades para perceber o mundo e reconstituir o passado [...] não deixamos de ler histórias de ficção, porque é nelas que procuramos uma fórmula para dar sentido a nossa existência. Afinal, ao longo de nossa vida buscamos uma história de nossas origens que nos diga por que nascemos e por que vivemos.[105]

---

[104] ANDRADE, Almir. Op. cit., p. 156.

[105] ECO, Umberto. Op. cit., p. 137-145.

E para lermos a ficção como se fosse a vida e a vida como se fosse ficção, o livro se abre como uma casa que nos abriga e conforta ao nos defrontarmos com os descaminhos do mundo, pois nele está concentrado o grande espírito libertário da criação. Segundo Lotman, [106] "a criação liberta o mundo da escravatura das predeterminações. Ela é a origem da liberdade" [...], "a criação humana é o prolongamento das forças criadoras da natureza".

---

[106] LOTMAN, Iuri. *A estrutura do texto artístico*. Trad. Maria do Carmo Vieira Raposo e Alberto Raposo. Lisboa: Estampa, 1978, p. 369.

O nome

> A função do nome se limita sempre
> a ressaltar um aspecto particular de
> uma coisa, e é precisamente desta
> restrição e desta limitação que depende seu valor.
>
> (Cassierer)

Renomear o mundo

BUSCAMOS MAIS UMA vez conceitos na literatura para entrar neste outro capítulo e para tanto recorremos a Nelly Novaes Coelho:

> Literatura é Arte, é um ato criador que, por meio da palavra, cria um universo autônomo, realista ou fantástico, onde seres, coisas, fatos, tempo e espaço, mesmo que se assemelhem aos que podemos reconhecer no mundo concreto que nos cerca, ali transformados em linguagem, assumem uma dimensão diferente: *pertencem ao universo da ficção.* [1]

Como arte e como linguagem, a literatura exprime a presença do homem no mundo e revela-se ato de comunicação em que ele se reconhece. Por isso, ela assume uma ampla incumbência na sua ação de falar, *fabulare*, contar pela palavra narrativa. Essa palavra não é inocente, guarda a perspicácia e o risco de outras palavras e ações desencadeadas, confirmando no seu caráter intrínseco que "falar é assumir uma responsabilidade". [2]

---

[1] COELHO, Nelly Novaes. *Literatura e linguagem.* São Paulo: Quíron, 1986, p. 30-1.

[2] TODOROV, Tzvetan. *As estruturas narrativas*, cit., p. 109.

Nesse compromisso, *fabulare* nos remete à fábula, em Lygia Bojunga, e à persistência de permanecer contando, em Alice Vieira, ambas assumindo o risco e a tarefa de nos fustigar – leitor e homem – para a decisão de retomar o mundo pela palavra. Elas o fazem no seu escrever, instigando para o que compete a todos na vida real: há um trabalho a ser realizado por todos, e para tanto é necessário continuar nomeando para continuar existindo. Assim como os personagens devem contar para que possam viver, os homens precisam reassumir a sua condição de nomeador a fim de inscrever a história que só eles mesmos sabem narrar.

Falar pela voz do narrador ou das personagens também é historicizar e trazer para o presente do leitor o compromisso de sempre anunciar algo novo diante da vida.

> "A avó Lídia contava história dia e noite. Tinha sempre uma história para tudo, e a gente nunca chegava a compreender bem se elas eram inventadas ou se lhe tinham acontecido nos seus tempos de nova." [...]

> "As histórias da avó Lídia raramente metiam fadas nem bruxas, nem duendes, nem coisas assim. Eram quase todas passadas com gente como nós, e talvez por isso eu gostasse tanto de as ouvir." [3]

> "Isto contava muitas vezes a avó Lídia.
> Acho que sou capaz de me lembrar de todas as palavras para um dia o contar à Rosa." [4]

> "Daqui a dois mil anos as pessoas que então viverem saberão alguma coisa de nós? [...]

> Tenho de falar sobre tudo isto com a Rosa, assim que ela crescer, e depois com os meus filhos. E com os meus netos. E

---

[3] VIEIRA, Alice. *Rosa, minha irmã Rosa*, cit., p. 23-4.

[4] Ibidem, p. 71.

O NOME

estes com os filhos e os netos que um dia tiverem. Para que ninguém esqueça de nada." [5]

"Dá-me vontade de contar a nossa história a estas paredes que nunca ouviram histórias de ninguém". [6]

"Gostava de um dia escrever uma história [...]. A minha história havia de falar de nós todos, desta casa, da escola..." [7]

"E começo a pensar que o Natal tem alguma coisa a ver com isto. Alguma coisa a ver com estas pessoas que resolvem reunir-se para falar das suas ruas, das suas casas. Alguma coisa a ver com estarmos todos juntos." [8]

"Desde pequena ela tinha mania de viajar: queria por força conhecer o mundo. E queria conhecer tudo de tatu; como é que eles eram antigamente, o que eles comiam, onde é que tinha vivido o primeiro tatu. [...]
Voltava pra casa com um monte de histórias pra contar." [9]

"E a Vó logo sentou na mala pra contar uma porção de casos que tinham acontecido na viagem." [10]

"[...] contem o que está acontecendo por aqui pra todo mundo que está a fim de ouvir, e pra quem não está a fim, paciência: contem também." [11]

"– Conta história pra gente, Augusto, conta. [...]
Augusto contou cada história boa mesmo. Mal acabava uma já pediam: mais! e ele inventava outra. Inventou até todo mundo dormir." [12]

---

[5] Ibidem, p. 97-8.
[6] VIEIRA, Alice. *Lote 12, 2º frente*, cit., p. 23.
[7] Ibidem, p. 93.
[8] Ibidem, p. 126.
[9] BOJUNGA, Lygia. *O sofá estampado*, cit., p. 36.
[10] Ibidem, p. 41.
[11] Ibidem, p. 51.
[12] BOJUNGA, Lygia . *A casa da madrinha*, cit., p. 87.

Referindo-se à ação de contar, Todorov [13] adianta que "toda narrativa deve tornar explícito seu processo de enunciação; mas para tanto é necessário que uma nova narrativa apareça, na qual esse processo de enunciação é apenas uma parte do enunciado. Assim a história contante torna-se sempre também uma história contada, na qual a nova história se reflete e encontra a sua própria imagem".

As histórias da avó Lídia, de Augusto, da menina Mariana ou da Vó tatu falam de suas vidas ou de viagem, dos momentos vividos que propagam imagens de vivências de todos os homens, de todos nós; as narrativas fictícias suscitam as narrativas reais, inscritas na historicidade dos homens, refletindo-se mutuamente na ação de contar.

As histórias se entrelaçam na vida e na ficção, porquanto "os livros sempre falam sobre outros livros e toda história conta uma estória que já foi contada";[14] porquanto as pessoas falam e passam por experiências que já foram vividas por outras pessoas na superação de cada dia – justamente no que o ser humano se perpetua e motivo pelo qual não pode aceitar um enredo pronto de sua história como um *script* a ser encenado.

Renomear o mundo consiste em não aceitar a padronização de uma única narrativa, uma mesma história fabricada para todos os homens, uma forma unidimensional de viver e de marcar a existência. Dentro dela tudo deve revelar-se pelo ser que a denomina e este é o caminho para instalar o ser-aí no mundo. Por essa causa, apontamos o NOME como um dos focos desta análise, ressaltando a sua importância para preencher o vazio da hiperprodução e da hiperespacialização.

---

[13] TODOROV, Tzvetan. Op. cit., p. 132.

[14] ECO, Umberto. 1983, 1984. Apud HUTCHEON, Linda. Poética de pós-modernismo. Trad. Ricardo Cruz. Rio de Janeiro: Imago, 1991, p. 167.

O NOME

O vazio é o nada da matéria cuja existência se instala a partir do momento em que é nomeada; torna-se depois essencial somente dentro das relações humanas. É o homem que toma consciência desta presença material e denomina-a de acordo com a idéia que constrói a seu respeito e de como convive com ela. Na direção inversa não há correlação, não há apropriação, a matéria é que se apodera do ser e retira-lhe a identidade. A ação nomeadora é, na verdade, uma questão de identidade e participa da atividade humana no que tange à linguagem, como discorrem as autoras em *Filosofando:* introdução à filosofia:

> O homem é um ser que fala. A palavra se encontra no limiar do universo humano. [...] É pela palavra que somos capazes de nos situar no tempo, lembrando o que ocorreu no passado e antecipando o futuro pelo pensamento [...] Se a palavra, que distingue o homem de todos os seres vivos, encontra-se enfraquecida da possibilidade de expressão, é o próprio homem que se desumaniza. [...]
>
> No momento em que damos nome a qualquer objeto da natureza, nós o individuamos, o diferenciamos do resto que o cerca; ele passa a existir para a nossa consciência. Com este simples ato de nomear, distanciamo-nos da inteligência concreta animal, limitada no aqui e agora, e entramos no mundo do simbólico. O nome é o símbolo dos objetos que existem no mundo natural e das entidades abstratas que só têm existência no nosso pensamento. [...]
>
> O nome tem a capacidade de tornar presente para a nossa consciência o objeto que está longe de nós.
>
> O nome, ou a palavra, retém na nossa memória, enquanto idéia, aquilo que já não está ao alcance de nossos sentidos. [...] Não precisamos mais da existência física das coisas: criamos, através da linguagem, um mundo estável de idéias que nos permite lembrar o que já foi e projetar o que será. Assim é instaurada a temporalidade no existir humano.[15]

Destituído de sua função de ser de linguagem, o homem lança-se ao mundo sem projeção para o futuro do vir-a-ser, impedido de

---

[15] ARANHA, Maria Lúcia; MARTINS, Maria Helena Pires. *Filosofando:* introdução à filosofia. 2. ed. rev. São Paulo: Moderna, 2001, p. 4-5 e 29.

atingir seu horizonte de valorização e de transcendência na sua temporalidade inautêntica.

O nome manifesta todos os seres, as coisas, o tempo e o espaço, porque é por meio dele que o homem registra a sua história. Nomear é revelar-se, como poderemos verificar nos livros analisados de Alice Vieira, em que a questão do nome é a marca de SER.

> "[...] a minha irmã se vai chamar Rosa". [...]
> "[...] aquela era uma noite diferente: a minha irmã já tinha nome". [...]

> "Todas as crianças têm direito a um nome! A minha irmã era Rosa. Era o seu direito." [16]

> "Em que canto da memória ficarão os seus nomes, o seu riso, a maneira que cada um tinha de chamar por mim?" [17]

> (a casa) "não conheceu a avó Lídia, não guardou o seu riso, não ouviu as suas histórias. Na casa antiga, era como se a avó continuasse viva entre aquelas paredes a que se tinha apoiado, que tinham feito o eco de sua voz". [18]

> "Começo a pensar que nome gostaria de dar a minha rua..." [19]

> "Vão dar-te nome, vestir-te com o calor e o frio das estações [...] ganharás o sangue do nome que tomares, de herói, árvore, estrela, oceano ou concha. [...]

> Mas não apenas o nome te dará corpo. Virão pessoas, muitas, outras [...].

> Vão finalmente dar-te nome, rua nossa." [20]

> "[...] se me chamo Abílio, alguém teve de escolher o nome e de o dizer a quem o escreveu na certidão de nascimento". [21]

---

[16] VIEIRA, Alice. *Rosa, minha irmã Rosa*, cit., p. 31-5.
[17] VIEIRA, Alice. *Lote 12, 2° frente*, cit., p. 14.
[18] Ibidem, p. 23.
[19] Ibidem, p. 88.
[20] Ibidem, p. 127-9.

O NOME

" – Não me falta juízo, não. [...] A vocês todos é que ele deve ter faltado, no dia em que me puseram o lindo nome de Abílio". [...]

[...] a partir de agora só respondo pelo nome de Luís. O Abílio morreu [...] e que ninguém, nunca mais, me chame tal nome". [22]

Nomeação imposta

Em circunstância oposta, os animais falantes e intencionalmente nomeados na criação de Lygia Bojunga configuram justamente os homens que não falam, os indivíduos passivos diante das imposições que determinam tudo: o que comer, o que vestir, por onde andar, o que falar, que lugares freqüentar e até o idioma imprescindível para a comunicação global. Tais homens, sem rosto e sem nome, emudecem em alienação e "engasgo".

As personagens Dalva (Gata), Vitor (tatu) e o Pavão nos remetem a esta situação:

"Dalva estava vendo televisão... [...] A Dalva [...] estava vendo novela". [...]

"[...] Olha o carro dele, olha. Ah, e o Vitor que não fuma! ele nunca vai ter uma casa assim, nem um carro assim..." [...]

"[...] o que a Dalva curtia mesmo era ver televisão". [23]

---

[21] VIEIRA, Alice. *Viagem à roda do meu nome*. 2. ed. Ilust. Ivone Ralha. Lisboa: Caminho, 1987, p. 18.

[22] Ibidem, p. 30-1.

[23] BOJUNGA, Lygia. *O sofá estampado*, cit., p. 13-5.

A VIVÊNCIA E A INVENÇÃO NA PALAVRA LITERÁRIA

"Telespectadora mais assídua. Faz tempo que ela vê 12 horas de tevê por dia..."[24]

"[...] o Vitor já nasceu assim mesmo: com um talento danado pra se engasgar..."[25]

"[...] o berro saiu pra dentro, bateu no engasgo com toda força e aí não deu pra dizer mais nada, o Vitor começou a tossir".[26]

"O Vitor nem ouviu a pergunta, tossia feito um louco, focinho, cabeça, corpo, tudo sacudindo com a tosse."[27]

"O Pavão cada vez se apavorava mais [...]. E na hora de falar também achava que a fala ia cair, escorregar, trancava o bico, o melhor era nem falar". [...]

"[...] costuraram o pensamento dele, só deixaram de fora o pedacinho que pensava o que os donos [...] achavam legal..." [...]

"O Pavão ficou com uma porção de pedaços de linha pendurados lá dentro do pensamento dele. Às vezes, o pensamento se enredava nos fiapos, ficava preso, não conseguia passar, e aí o Pavão só ficava pensando a mesma coisa, só ficava pensando a mesma coisa, só ficava pensando a mesma coisa, só fi – até o pensamento desenredar". [...]

"[...] essa era a vantagem do pensamento atrasado: o Pavão fazia direitinho sem nunca parar pra pensar, tudo o que os outros mandavam".[28]

Sem voz (ou sem fala), de pensamento "costurado", o ser humano, uma possibilidade ilimitada de conhecimento, anula-se e per-

---

[24] Ibidem, p. 60.
[25] Ibidem, p. 25.
[26] Ibidem, p. 45.
[27] Ibidem, p. 56.
[28] BOJUNGA, Lygia. *A casa da madrinha*, cit., p. 25-9.

de a sua função de nomeador; não se conhece e assim não pode evoluir, não chega a construir sua bagagem.

A Escola Osarta do Pensamento para a qual foi levado o Pavão em *A casa da madrinha* é a estrutura da alienação, de atrasar o desenvolvimento dos aprendizes na castração do Curso Papo, Curso Linha e Curso Filtro, metáforas de redução do indivíduo aos interesses do sistema.

> "[...] levaram o Pavão pra uma escola que tinha lá perto e que era uma escola feita de propósito pra atrasar o pensamento dos alunos". [...]

> "O Curso Papo era pra isso mesmo: pro aluno ficar com medo de tudo".[29]

> "Resolveram então levar o Pavão pro Curso Linha [...]. Caiu na maior fossa quando viu que só ia poder pensar o que os outros queriam". [...]

> "[...] levaram o Pavão pro Curso Filtro [...] aí o Pavão ficou mesmo de pensamento bem atrasado".[30]

A Escola Osarta do Pensamento é o reverso da escola em sua função genuína: desenvolver; a função da Escola Osarta é atrasar. Nesta contradição ergue-se uma crítica à escola real, do ensino em geral no Brasil. Em lugar de promover o desenvolvimento integral do aluno, sujeito de seu conhecimento, a escola tem sido o espaço da castração, do reducionismo, formulada para atender à minimização do homem em prol de propósitos sociais, econômicos e políticos, regulada por mecanismos de aprovação e reprovação.

Essa escola deixa de ser o lugar privilegiado para a organização do conhecimento e assenta-se no objetivo unidimensional de ade-

---

[29] Ibidem, p. 23-4.
[30] Ibidem, p. 25-8.

quar o educando a um sistema de controle que pretende subjugá-lo – filtrando, costurando e atrasando seu pensamento. Por meio dela denuncia, sobretudo, a estagnação do ser. De pensamento costurado, ele se cala e cessa a busca do conhecimento, não evolui, apaga-se no seu espírito especulativo e contenta-se em receber tudo pronto, sem dar-se conta do quanto está sendo formatado.

A Escola Osarta do Pensamento é a escola degradada e, atendendo a interesses da máquina política e/ou econômica, tem sido, geralmente, o espaço da deformação, tanto no ensino público quanto no privado, sobressaindo neste último o caráter falso com que um grande número de escolas particulares se propõe a formar os indivíduos da classe dominante, reforçando desvalores, como a exclusão, o preconceito e o individualismo, quando deveria promover a reflexão para criar a consciência em relação aos problemas humanos e sociais.

Nesse âmbito, as instituições educacionais são empresas que atendem a uma clientela que encara a formação de seus filhos como um produto acabado a ser consumido por um valor de compra; tais escolas rivalizam entre si, na concorrência pelos consumidores, através de sistemas de ensino que enquadram a construção do conhecimento a resultados previsíveis dentro de um esquema previamente formulado.

Não havendo compromisso com a formação do ser, o ensino continua tendo a escola como um ponto para atrasar o pensamento dos alunos, de qualquer nível socioeconômico, sem condições de se prepararem para agentes de transformação das sociedades futuras.

É verdade que existem muitas escolas que, felizmente, não se coadunam a esta estrutura depreciativa, mas escapam por absoluta consciência de pessoas bem formadas, social e culturalmente, à frente de tais instituições ou das salas de aula, exceção dentro do contexto geral.

Escola Antiga, Escola Nova ou qualquer escola, regida por leis de diretrizes e bases ou ordenada por parâmetros curriculares, na rede pública ou privada, continua sendo a mesma instituição redutora do desenvolvimento, compartimentada em disciplinas estanques previa-

O NOME

mente teorizadas, bloqueando a transferência de idéias e conceitos entre as várias áreas do conhecimento. Para levar o educando a atingir a sua integralidade, na realização de todo o seu potencial, a escola precisa urgentemente abrir-se para a complexidade do homem e da vida, totalizar-se para oferecer oportunidades de cada aprendiz fazer uso da bagagem de sua "maleta" no processo ensino-aprendizagem.

Destacamos mais uma vez o valor da literatura pelas relações autênticas que estabelece e pelo compromisso de sempre vislumbrar a experiência humana, permanecendo viva, atual, independente da época em que a obra foi criada. A Escola Osarta do Pensamento fala da escola de hoje, que ainda está longe do "ideal de realização" a que se destina, em qualquer instância.

Nessa prospectiva, a Professora e a Maleta apresentam-se como a sugestão "da nova e viva proposta de ensino",[31] pela imagem de um profissional do ensino sempre dinâmico, atualizado, motivado, imbuído de idealismo para fazer de sua aula uma deliciosa aventura, sem afastar-se da realidade e dos problemas que lhe são inerentes. Assim como a Professora de Alexandre, próxima de seus alunos, fazendo uso de uma maleta velha, cheia de pacotes coloridos, transformando em conhecimento a bagagem das experiências de cada aprendiz vividas nas múltiplas situações cotidianas. Na invenção de cada um daqueles pacotes, vibrava uma aula sempre nova, originada no interesse dos alunos e nos valores da interação entre eles como pessoas, não como números em uma classe apática e inoperante.

> "Era um tal de experimentar receita que só vendo. Um dia a diretora da escola entrou na classe. [...] Que matemática era aquela que a Professora estava inventando? Não gostou da invenção."[32]

---

[31] COELHO, Nelly Novaes. *Dicionário crítico de literatura infantil e juvenil brasileira*, cit., p. 663.

[32] BOJUNGA, Lygia. *A casa da madrinha*, cit., p. 37-8.

Levando em conta o "ensino brasileiro atual, absolutamente caótico, desde os anos 60, quando teve início a crise político-institucional",[33] a crítica não se destina à escola-educação, instituição educacional de formação, refere-se à escola degradada cujas estratégias "pedagógicas" deformadoras concorrem para a fragmentação do conhecimento e para o esfacelamento do ser. Nessas condições, o indivíduo fica lesado no livre pensamento e completamente despreparado para rebelar-se diante de qualquer situação, como o Pavão.

> "[...] o pensamento dele estava correndo normal. Se o pensamento estava normal, como é que ele ia deixar os outros se aproveitarem dele e quererem fazer ele de bobo?" [...]

> "[...] o pensamento do Pavão só pingava de leve. Agora ele ia fazer de novo tudo que os outros mandavam, ia repetir tudo que os outros diziam, não falava mais: não topo! não quero! Agora podiam fazer ele de bobo outra vez".[34]

O homem anulado

A recorrência ao animal no processo fabular, tratado como gente – que fala, pensa e age como gente –, sugere, em ordem inversa, a bestialização e a petrificação do homem, que, despersonalizado, perde a identidade de ser e assume o estatuto imóvel das coisas. Acontece que é ele o ser de linguagem, sujeito da História, que interage no tempo e no espaço que ocupa e transforma. E, como ser de linguagem, carrega todas as outras construções de linguagem anteriores e toda uma bagagem de vivência de mundo e de textos. Compete a ele, portanto, reassumir a palavra e renomear o mundo a partir de si mesmo – recuperar a sua identidade para não ser tragado pela

---

[33] COELHO, Nelly Novaes. Op. cit. p. 661.
[34] BOJUNGA, Lygia. A casa da madrinha, cit., p. 58-9.

realidade do TER. Ele não pode conformar-se com o papel de ser peça insignificante da imensa linha de montagem do admirável mundo da civilização industrial e tecnológica.

Na vida real não existem, de fato, nem fadas e nem madrinhas que venham realizar por magia aquilo que nós não temos vontade de fazer. Há um trabalho a ser realizado, uma luta a ser empreendida por todos nós e, nesse sentido, a literatura também cumpre esse papel. Pela fantasia, varinha de condão capaz de revelar o mundo e o homem, aponta para aquilo que ele ainda não compreendeu. O objetivo da literatura é a experiência humana e, como arte, vai além disso, "ajuda o homem a resolver uma das questões psicológicas mais importantes: a determinação do próprio ser".[35]

Todorov [36] afirma que "a literatura existe pelas palavras; mas sua vocação dialética é dizer mais do que diz a linguagem, ir além das divisões verbais. Ela é, no interior da linguagem, o que destrói a metafísica inerente a qualquer linguagem. A marca distintiva do discurso literário é ir mais além". Desfaz assim a rede intrincada em que os homens são apanhados na realidade e, de forma sutil e profunda, insiste na palavra, e, "como é pela *fala*, pela *comunicação verbal* com os outros que o *eu* se revela", ela abre o caminho para o encontro de nossa identidade, em busca talvez de "atingir a linguagem primordial, a fala primeira, a visão primordial do mundo" para "redescobrir a vida em uma dimensão mais valiosa do que aquela que esta sociedade-de-consumo-e-lucro e de concorrência feroz nos oferece".[37]

A viagem de Alexandre e Vitor em *A casa da madrinha* e *O sofá estampado* (Lygia Bojunga), respectivamente, vincam fortemente esse caminho na busca do autoconhecimento e da desalienação.

---

[35] LOTMAN, Iuri. Op. cit., p. 123.

[36] TODOROV, Tzvetan. *Introdução à literatura fantástica*. 2. ed. Trad. Maria Clara Correa Castello. São Paulo: Perspectiva, 1992, p. 175-6.

[37] COELHO, Nelly Novaes. *Literatura e linguagem*, cit., p. 21-4.

Os personagens estão nomeados, o menino Alexandre e o tatu Vitor, contudo, não têm consciência de sua individualidade.

Quando Alexandre decide viajar ao encontro da casa da madrinha, está tentando escapar à miséria, à indignidade de uma vida perigosa para o ser humano, mas ainda precisaria enfrentar o medo para começar a amadurecer até encontrar a sua essência naquela casa que lhe garantiria autoconfiança para perseverar na luta diária. Com ele, seguiria o Pavão, livre do filtro que lhe prendera o pensamento, mas ainda inconsciente de si mesmo, cuja identidade ainda estaria por encontrar nas inúmeras dobras do caminho a percorrer.

Analisando por outro ângulo, o Pavão também pode representar um lado inconsciente no próprio Alexandre.

> "[...] olharam o Pavão. Ele estava outra vez com a cabeça meio desabada, e olho de sono, e quando Alexandre perguntou: 'Cadê a Gata da Capa, Pavão?', ele respondeu: 'Cadê a Gata da Capa?' E aí suspirou tremidinho, experimentou uns passos, e quando deu de cara com um sapo quase morreu de susto". [...]

> "Alexandre pendurou a mala no ombro e foi andando; o Pavão emparelhou com ele." [38]

Comparado ao Pavão, o tatu Vitor mostra-se perdido em si mesmo, fechado no seu interior, sem encarar suas dificuldades, sem resolver suas aflições, sem aclarar a visão que tantas vezes se desenhara a sua frente na figura da Mulher do lenço amarelo.

> "Aí apareceu uma coisa de cor voando no fim da rua. Voou. Parou. Voou de novo feito coisa que estava se mostrando, voou para trás, sumiu, apareceu logo outra vez na mão da Mulher. Era um lenço. De seda tão fina que mesmo quando

---

[38] BOJUNGA, Lygia. *A casa da madrinha*, cit., p. 91-4.

O NOME

> o vento parava ele ficava brincando no ar. Amarelo bem
> clarinho, todo salpicado de flor; ora era violeta, ora era mar-
> garida, e lá uma vez que outra também tinha um monsenhor.
> A Mulher veio vindo [...]. (Ela e o lenço amarelo) [...]
>
> O medo do Vitor virou desespero quando a Mulher veio che-
> gando; ele nem agüentou olhar Ela passando: baixou a cara.
> Ela passou. [...]
>
> Mas perto da esquina Ela parou. Baixou a cabeça pro Vitor;
> andou pra trás. Ele foi junto. Ela sacudiu a cabeça com for-
> ça; puxou o lenço. O Vitor não quis largar. Ela então tirou a
> mão do bolso e empurrou o Vitor de um jeito que ele teve que
> largar o lenço, e largou também a vontade de seguir com a
> Mulher. Ela saiu apressada, dobrou a esquina, sumiu."[39]

Essa mulher "que não quis levar o Vitor com ela" traz o tanto de sua indefinição como indivíduo, sem rosto, sem identidade; na sua luta interior para a autodescoberta, quis chamar a mulher, quis correr, mas parecia que era ela a rejeitá-lo.

> (Vitor) "[...] ficou. Muito tempo ali parado. Só lembrando
> o lenço de seda e a mão da Mulher (também tão fria) empur-
> rando ele pra trás. Só lembrando. E querendo inventar o
> rosto que Ela ia ter..."[40]

Nesse conflito, o ego continua sobrepondo-se às outras estruturas da personalidade, encobrindo a consciência e impedindo a individuação. Por isso, a viagem torna-se libertadora, travessia das situações degradantes em que mergulhara; Vitor precisa então retornar ao ponto de origem, para depois escolher o seu caminho.

---

[39] BOJUNGA, Lygia. *O sofá estampado*, cit., p. 47-9.

[40] Ibidem, p. 49.

A VIVÊNCIA E A INVENÇÃO NA PALAVRA LITERÁRIA

"O Vitor ficou ali de cara pra porta fechada até ver luz acendendo na fresta de baixo. E depois até ver a luz apagar. Aí foi indo embora devagar. Andou muito pra cá e pra lá. Galo cantou. Lá pelas tantas o Vitor pensou: quem sabe voltando pra casa ele esquecia da Dalva? quem sabe voltando pra floresta dele [...] o engasgo passava, e a tristeza também. A unha riscou o chão pensativa. E... quem sabe não tinha chegado a hora de voltar?
E sem saber muito bem se tinha ou não tinha, o Vitor foi indo embora, atravessando a rua, dobrando a esquina, deixando a cidade pra trás." [41]

"[...] ele lembrou da rua. A tal. Que um dia ele tinha achado e perdido. E nunca mais tinha encontrado. E depois tinha esquecido.
A vontade de encontrar de novo a rua foi tão forte que ele saiu correndo. Só querendo lembrar direito onde é que ia cavar pra achar logo a escada. [...] E cavou". [42]

"O Vitor foi indo, foi cavando, mergulhando, se enterrando até encontrar de novo a escada. Olhou pra cima: o buraco abrindo pra rua, o céu com cara de chuva feito daquela outra vez; subiu.
E na rua continuava tudo quieto, parado. O mesmo cheiro de jasmim. O mesmo silêncio. A mesma impressão de que lá no fim, de repente, alguém ia aparecer.
Só que agora o Vitor sabia que alguém era a Mulher que não tinha rosto, e dessa vez Ela ia levar ele junto, ah! isso ia. E então ficou olhando pro fim da rua e esperou. [...]
O vento começou a passar de um jeito que o Vitor logo lembrou do lenço de seda, voando, rodando, brincando no ar. E quando, de tanto esperar, ele já estava quase que vendo o lenço chegar, quem chega é o Inventor. Com a maleta na mão." [...]

"Aos poucos, devagarinho, foi dando vontade de começar onde a Vó tinha parado." [...]

---

[41] Ibidem, p. 99.
[42] Ibidem, p. 101.

O NOME

> "[...] agora ele sabia o que queria 'e eu não quero mesmo vender carapaça, viu, pai?' E falou do trabalho da Vó. Contou que queria fazer uma coisa parecida. E o bom foi que ele falou tudo sem engasgo e nem tão baixinho assim...
> Aos poucos o Vitor foi se esquecendo da Dalva, do sofá, da agência Z.
> A hora de seguir o caminho da Vó foi ficando cada vez mais perto; um dia ele arrumou a mala e foi pra Amazônia". [43]

A decisão de Vitor marca um novo momento no processo de individuação por que passa o ser humano no sentido de atingir o autoconhecimento. Um indivíduo, nessa fase, não é sempre inatacável, sem culpa, puro, mas é aquele em quem todos os aspectos da personalidade foram integrados num ser total, com a incorporação paulatina da identidade.

A busca da identidade

Em *Angélica* (Lygia Bojunga), a questão da identidade, e do nome especialmente, é ainda mais acentuada em relação à legitimidade do ser na sua aceitação e reconhecimento dentro do grupo social. Nesse livro, o personagem Porto luta contra o preconceito, enfrenta a fome e o desrespeito, precisando adotar outro nome para sobreviver, apesar de permanecer ainda em condições de inferioridade em relação aos outros.

> "[...] ele era um porquinho.
>
> – Porco! – E disse aquilo com força, com raiva.
> A turma de macacos lá no fim da sala desabou numa gargalhada. O porco parou logo de rir e ficou olhando assustado pro colega: era a primeira vez que diziam o nome dele. E tinham dito de um jeito que parecia até que o nome dele era nome feio". [...]

---

[43] Ibidem, p. 102-7.

A VIVÊNCIA E A INVENÇÃO NA PALAVRA LITERÁRIA

"[...] agora se chamava Porto. [...]
– Que nome bacana [...]
Quiseram copiar o nome... [...]
Ninguém mais torceu o nariz pra ele! Porto então começou
vida nova". [44]

Outra personagem, a cegonha, tinha nome, chamava-se Angélica, mas também precisou representar a sua história para desfazer
a mentira de "viver fingindo" às crianças sobre a vinda dos bebês ao
mundo.

"– [...] que bicho que você é, hein?
– Cegonha.
– E cegonha tem nome?
– Não sei se todas têm. Mas eu tenho. Me chamo Angélica". [45]

Valorizando a fantasia e a imaginação "como o grande caminho para o encontro consigo próprio, com os outros e com o mundo"
segundo coloca Nelly Novaes Coelho,[46] Lygia Bojunga constrói em
Angélica um "universo alegórico", permeando a crítica contra aspectos da sociedade que impedem o indivíduo de se reconhecer. Na
discriminação e na humilhação seria impossível ao Porto identificar-
se assim como também à Angélica, na mentira. Ambos encontram
uma saída na idéia, tesouro inestimável e inviolável de cada pessoa,
dentro do livre pensamento, fora do alcance de qualquer dominação
ou prepotência.

"Porto abotoou uma idéia às carreiras. Abotoou bem abotoada, cobriu com um pedaço de casca de árvore, e estendeu o

---

[44] BOJUNGA, Lygia. Angélica. 18. ed. Ilust. Vilma Pasqualini. Rio de Janeiro: Agir,
1995, p. 8-18.

[45] Ibidem, p. 29.

[46] COELHO, Nelly Novaes. Dicionário de literatura infantil e juvenil brasileira, cit.,
p. 660.

O NOME

presente para Angélica, assim como quem estende um prato
de doces – Toma pra você.
– O que é que é ?
– Uma idéia".[47]

"[...] gostava tanto da idéia que ia guardar ela bem guarda-
da pra ninguém mexer. Encontrou ali perto uma caixa de
sapato jogada fora. [...]

... Cavaram um buraco. Enterraram a caixa. [...]
E marcaram o lugar do esconderijo com um desenho no chão". [48]

Não terá sido em outro lugar que esta *caixa* foi enterrada, mas
num *buraco* que traz em si o símbolo de todas as virtualidades, o
elemento que abre o interior para o exterior e o exterior ao outro, dá
acesso à revelação, representa o "caminho do parto natural da idéia."[49]

Emana deste simbolismo a situação de Porto abrir o seu interior para Angélica como um presente significativo: a idéia de ela
contar a sua história, escrevendo-a, e depois apresentando-a como
uma peça teatral. Dramatizando-a, a cegonha poderia desmistificar
a mentira que sempre envolvera a sua família (e a sua "gente"),
revelar a verdade para reconhecer sua identidade. Ao refletir sua
imagem verdadeira, abre ainda a oportunidade para que todos os
outros atores, sendo personagens, possam reconhecer-se ou revelar-se. Inclusive o porco que, finalmente, consegue desatar o nó
cego de seu rabicó.

"[...] eu sou uma cegonha. E tem mais: uma cegonha com
pai, mãe, avô e uma porção de irmãos". [50]

---

[47] BOJUNGA, Lygia. *Angélica*, cit., p. 48.

[48] Ibidem, p. 50.

[49] CHEVALIER, Jean; GHEERBRANT, Alain. *Dicionário de símbolos*. 9. ed. Trad. Vera da
Costa e Silva et al. Rio de Janeiro: José Olympio, 1995, p. 148-9.

[50] BOJUNGA, Lygia. *Angélica*, cit., p. 57.

A VIVÊNCIA E A INVENÇÃO NA PALAVRA LITERÁRIA

"Essa história de dizer que os bebês estão guardados no céu e que são as cegonhas que trazem eles pro mundo é uma mentira... [...]
Lugar de guardar bebê é barriga de mãe..." [51]

"[...] amanhã bem cedo a gente começa a espalhar a verdade... [...]

A verdade das cegonhas: que a gente não tem nada que ver com o nascimento dos bebês". [52]

"[...] pra gente abotoar as idéias bem abotoadas a gente tem que ter coragem e deixar de fingir o que não é". [53]

"Porto suspirou satisfeito: o disfarce que ele tinha inventado quando era pequeno estava todo jogado fora. Ele sabia muito bem que vida de porco era um bocado difícil, mas de repente tinha dado um estalo de coragem dentro dele e ele tinha resolvido fazer que nem Angélica: parar de fingir uma coisa que ele não era. Só no nome é que ele não mexeu: achou que poderia ser um porco chamado Porto". [54]

(o Jota) "Estava tão feliz de ter se juntado outra vez com um pedaço dele!" [55]

"[...] eu queria dizer pra vocês que eu tenho um nome [...] eu me chamo Jandira. E queria pedir a todos os presentes pra não me chamarem mais de Mulher-do-Jota". [...]

"– O nó desmanchooooooooou!" [56]

---

[51] Ibidem, p. 69.

[52] Ibidem, p. 73.

[53] Ibidem, p. 83.

[54] Ibidem, p. 101.

[55] Ibidem, p. 114.

[56] Ibidem, p. 116.

O NOME

A desconstrução e a reconstrução

A idéia de escrever a sua história oferece à Angélica a oportunidade de reinventá-la como teatro, para recuperar a verdade sobre si mesma e, ao mesmo tempo, desconstruir a história que a sociedade criara por conta de seus tabus no que se refere à sexualidade e à reprodução humana. Mais uma vez comparece a literatura, firmando os valores para transmitir à criança as informações de forma mais clara, sem falsidade, restaurando-lhe um sentido para a vida e edificando à sua frente um horizonte possível.

Como educador e terapeuta, Bruno Bettelheim[57] destaca o compromisso de uma literatura infantil que estimule a imaginação e dê acesso ao significado mais profundo dentro do que é significativo para a criança durante o seu desenvolvimento. Não se promove a formação de um ser por falsos valores e também não é aceitável que se subestime a inteligência e a capacidade de compreensão da criança sobre os fenômenos e os acontecimentos da vida.

Considerando que "a arte é uma das formas de conhecimento da vida, uma das formas da luta da humanidade por uma verdade que lhe é necessária", a literatura realiza nessa proposição a sua tarefa: é o "meio mais econômico e mais denso para conservar e transmitir uma informação".[58]

Trabalhando com a fantasia, a literatura desmonta o discurso falacioso dos adultos e da sociedade com que as crianças têm sido enganadas e mal orientadas; no lugar desse discurso institui outro autêntico, que estabelece uma interlocução recíproca e permite lidar com a situação de forma agradável, sem culpa e sem traumas. A história que se revela às crianças em *Angélica* oferece a chance para

---

[57] BETTELHEIM, Bruno. *A psicanálise dos contos de fadas*. 6. ed. Trad. Arlene Caetano. São Paulo: Paz e Terra, 1986, p.13.

[58] LOTMAN, Iuri. Op. cit., p. 27 e 58.

que pais conscientes encontrem a palavra honesta de contar a seus filhos como os bebês nascem e como são concebidos, apontando para a responsabilidade na formação das crianças, principalmente numa época em que clonagem, inseminação em laboratório e barriga de aluguel são notícias que fazem parte de seu dia-a-dia. Entretanto, convém não perder de vista a importância do encantamento no momento de passar tais verdades para não afastá-las da fase de idealização por que todos nós devemos passar antes de procurarmos a realização. Saltar tais períodos representa truncar o desenvolvimento, desprezando passagens imprescindíveis no processo de crescimento.

Pela fantasia, a informação é apresentada à criança no prazer de um jogo, para o qual ela é convidada e para o qual entra espontaneamente pelo deleite de ouvir a história e vê-la dramatizada; na aventura de ler, tem a sua curiosidade alimentada e satisfeita em uma linguagem que ela assimila e transforma interiormente.

A fantasia preenche as lacunas na compreensão da criança porque atende às suas necessidades interiores de forma mágica, por meio de imagens simbólicas que a farão ordenar a sua vida interna e aceitar a realidade. Desfazer a "mentira" também não justifica contar diretamente a verdade às crianças de forma realista ou científica; nesta conduta estaremos lhe retirando o toque encantado pelo qual poderá sentir-se mais segura a respeito de sua origem e de sua existência.

Bruno Bettelheim discorre sobre a postura realista dos pais:

> [...] as explicações realistas são usualmente incompreensíveis para as crianças, porque lhes falta a compreensão abstrata requerida para que façam sentido para elas. Enquanto o fato de dar uma resposta cientificamente correta leva os adultos a pensar que tornaram as coisas claras para a criança, tais explicações deixam a criança confusa, sobrepujada e intelectualmente derrotada [...] tentando fazer uma criança aceitar explicações cientificamente cor-

---

[59] BETTELHEIM, Bruno. Op. cit., p. 61-3.

O NOME

retas, os pais com muita freqüência não levam em conta as descobertas científicas de como a mente de uma criança funciona.[59]

A fantasia ajuda as crianças a se desenvolverem e, através das imagens, assegura-lhes dominar a vida, depois, de forma realista, assim como a própria humanidade na sua evolução, conforme acrescenta o autor.

Por um longo tempo na sua história a humanidade usou projeções emocionais – tais como os deuses – nascidas de suas esperanças e ansiedades imaturas para explicar o homem, sua sociedade e o universo; estas explicações davam-lhe um sentimento de segurança. Depois, lentamente, através do próprio progresso social, científico e tecnológico, o homem libertou-se do constante medo de sua própria existência. Sentindo-se mais seguro no mundo, e também internamente, o homem podia, então, começar a questionar a validade das imagens que usara no passado como instrumentos de interpretação. [60]

Quanto mais segura a criança sente-se dentro de si mesma, tanto melhor aceitará as explicações racionais a respeito do mundo e, mais tarde, já crescida ou mesmo quando adulta, não necessitará de projeções "infantis" para encarar a vida. Os processos infantis inconscientes só se tornam claros para ela através das imagens que falam diretamente ao seu inconsciente.

Como o pensamento da criança permanece animista até a puberdade, ela não vê uma separação entre os objetos e os seres vivos, de tal forma que atribui vida às coisas e percebe os animais sentindo, falando e pensando como ela própria. Assim, penetrar na fantasia em que um porco e a própria cegonha lhe contam uma verdade, reforçada na dramatização, confere-lhe a segurança para compreender um dos grandes mistérios da vida (concepção e nascimento) e encaminhar-se para a aquisição de sua identidade.

---

[60] Ibidem, p. 65.

Para a criança, torna-se possível vivenciar a história dos personagens por meio do teatro, que estabelece uma comunicação direta com o espectador, e identificar-se nele tanto quanto os próprios atores se encontraram, representando. A reciprocidade comunicativa chega em forma de um jogo – espetáculo, público, transformação – para o qual o participante entra voluntariamente.

Conforme Huizinga,[61] ser ele próprio liberdade é uma das características do jogo, a que se liga o fato de que "não é vida 'corrente' nem vida 'real'. Pelo contrário, trata-se de uma evasão da vida 'real' para uma esfera temporária de atividade com orientação própria". O jogo apresenta-se como um intervalo em nossa vida cotidiana, tem uma finalidade autônoma e se realiza tendo em vista uma satisfação que consiste nessa própria realização.

Ao discorrer sobre o processo de recepção do texto, Lotman também destaca a importância do jogo na vida dos homens e dos animais:

> É indiscutível que o jogo é uma das exigências sérias e orgânicas do psiquismo do homem. Diversas formas de jogo acompanham o homem e a humanidade em todos os estágios de seu desenvolvimento. [...] E, o que é particularmente importante, o jogo não se opõe nunca ao conhecimento: pelo contrário, ele é um dos meios mais importantes de aquisição das diferentes situações vitais de aprendizagem de tipos de comportamento.[62]

Ainda nas palavras desse teórico:

> o jogo dá ao homem a possibilidade de uma vitória convencional sobre um invencível (sobre a morte, por exemplo) ou sobre um adversário muito poderoso (o jogo da caça na sociedade primitiva). Isto determina também a significação mágica do jogo e da sua propriedade psicoeducadora extremamente

---

[61] HUIZINGA, Johan. Op. cit., p. 10-2.
[62] LOTMAN, Iuri. Op. cit., p. 119-20.

importante: ajuda a ultrapassar o medo perante situações idênticas e forma uma estrutura de emoções indispensável para a actividade prática. [63]

A idéia de Porto abotoada às carreiras torna-se mais do que um presente, instala-se como um jogo pela proposta de lutar pela verdade enquanto representação, lidando com a fantasia e a imaginação, que retiram atores e espectadores (ou leitores) da vida convencional para valorizá-la em seu aspecto verdadeiro.

> "Cada dia que passava caprichavam mais um pouco pra peça sair boa. E com aquela mania de bolar, iam curtindo cada vez mais os ensaios. A coisa toda foi indo, tão boa, tão gostosa, que no fim de uma semana, quando acabava o ensaio, eles iam embora cantando a musiquinha da peça:
> Marcha, cegonha
> E aprende essa lição:
> O nosso teatro
> Não é brincadeira
> É uma grande curtição!" [64]

Apartado da vida "comum", o leitor – criança e adulto – penetra na ficção que fascina tanto quanto o jogo em si, encerrando-o em suas fronteiras e fazendo-o levar a sério o fato de os animais falarem, agirem e pensarem como seres humanos na representação que é a própria vida.

Segundo Umberto Eco,[65] "a ficção tem a mesma função dos jogos. Brincando, as crianças aprendem a viver, porque simulam situações em que poderão se encontrar como adultos", e esta atividade é plena de seriedade, realiza-se como um ensaio dos papéis que elas

---

[63] Ibidem, p. 120.

[64] BOJUNGA, Lygia. *Angélica*, cit., p. 102.

[65] ECO, Umberto. *Seis passeios pelos bosques da ficção*, cit., p. 137.

um dia desempenharão na vida real. Brincando e imaginando, elas constroem seus ideais para os quais tentarão a realização. Nas brincadeiras de "casinha", "papai, mamãe, filhinho", por exemplo, a menina começa a tocar nos arquétipos de mulher, mãe e amada já na primeira infância; na mesma situação, o menino inventa aventuras e combates em que possa dar prova de coragem para atingir a heroicidade.

Como a leitura é um sonho livre e também se apresenta em forma de jogo, a história que Angélica escreve destina-se ao interlocutor que precisa descobrir-se na ficção para encontrar a saída dos labirintos da vida, que é mais complexa e mais traiçoeira do que as tramas inventadas pelos escritores.[66]

Para Angélica, torna-se realizável trazer para o presente a sua identidade por meio do teatro e permanecer vivendo como cegonha enquanto narra e escreve.

> "Começaram então a imaginar [...] conforme iam imaginando, Angélica ia escrevendo [...] corrigiram, riscaram, escreveram de novo, corrigiram outra vez – até achar que estava bom.
> Foram fazendo assim com todas as cenas da peça. E aos poucos, muito aos pouquinhos, a idéia (que quando Angélica guardou na caixa de sapato só tinha nove linhas) foi crescendo que nem bolo no forno; cada dia que passava crescia mais um pouco.
> Às vezes eles empacavam numa cena. Quebravam a cabeça, mas não adiantava: a cena não saia de jeito nenhum.
> – Puxa, que coisa ! – exclamava Porto – eu penso, eu desenho, eu escrevo, mas não consigo explicar o que quero dizer.
> Angélica também ficava numa aflição danada:
> – Por que é que quando a gente pensa as coisas elas são tão fáceis, e na hora de escrever elas ficam tão difíceis?"[67]

---

[66] Ibidem, p. 97-9.

[67] BOJUNGA, Lygia. *Angélica*, cit., p. 54.

Da idéia "bem abotoada" de Porto para o registro, a história propriamente dita, há um longo processo de elaboração, um processo de construção que se equaciona entre as idéias do pensamento e o conhecimento, de um lado, e o texto a ser produzido, do outro. Sobre isso há muitas considerações a serem realizadas, entretanto, no âmbito dessa análise restringimo-nos a tocar no procedimento metalingüístico com que a autora tece o duplo dizer-fazer e contar-escrever.

A recorrência de escrever sobre o escrever, reforçada pelo contar representando, reitera o sentido da comunicação entre o eu e o outro, o emissor e o receptor, para promover uma interação que instigue para a consciência e a construção que fazem parte do conceito de metalinguagem. De outra parte, o texto que se organiza refletindo sobre a própria construção instaura um questionamento a respeito da linguagem-objeto que nos é impingida.

Ao inventar de a cegonha escrever sobre a sua história, Lygia Bojunga entra no processo metalingüístico como uma forma de revelar uma verdade nova, pois, conforme coloca Chalhub,[68] "a verdade da arte literária é reveladora: rastreia o sentido das coisas, apresentando-as como se tudo fosse novo, porque nova é a forma de combinar as palavras". Escrever sobre o escrever, o texto falando de si mesmo, deflagra o ser de linguagem que se agiganta quando se atira a falar de si mesmo e a narrar a sua história.

Por outro lado, ao representar a sua história, Angélica a revive e aproxima-a do interlocutor em uma comunicação direta para a conscientização, pois a descoberta não se restringe às cegonhas, estende-se a todas as pessoas na sua identidade. À cegonha não bastava ter um nome, chamar-se Angélica, ela precisava encontrar-se fora do fingimento. Também não é suficiente a qualquer pessoa ter um nome. É necessário conhecer-se, desvendar-se a si mesmo.

---

[68] CHALHUB, Samira. *A metalinguagem*. 2. ed. São Paulo: Ática, 1988, p. 9.

A VIVÊNCIA E A INVENÇÃO NA PALAVRA LITERÁRIA

Para ser completamente feliz, Angélica precisou então "desnascer" e nascer de novo, desconstruir a sua história e remontá-la com autenticidade.

Transportada para o plano real, a encenação *Angélica* aponta para as coisas e os espaços a serem desconstruídos e desnomeados para serem depois remontados por nós, responsáveis pela reescrita de nossa história. A desconstrução deixará de fora tudo o que foi imposto e a reconstrução contará com novos valores a nortearem todos para a construção do próprio conhecimento dos quais são sujeitos absolutos. Essa aquisição é individual, depende do empenho e da bagagem já acumulada de cada pessoa, na pulsão incessante de sempre buscar coisas novas e manter sempre aceso o seu espírito especulativo. Fora desse processo, qualquer indivíduo pode ficar à mercê de uma rede persuasiva de imposições e interesses competitivos, sob o vazio dos jogos de alienação e virtualidade, dos "jogos de matar" que desprezam a vida porque retiram a referência em relação aos outros seres.

Recurso importante na criação de Lygia Bojunga, a metalinguagem corre do objeto para o sujeito e desencadeia o processo de desconstrução no que se refere à nomeação imposta e à renomeação das coisas e do mundo. Com a função de auto-referencializar-se, o próprio discurso literário clama pela voz de um interlocutor (homem comum) para assumir o seu estatuto de linguagem.

Da mesma forma, a recorrência à metonímia intensifica tal propósito, no jogo que se estabelece pela linguagem em direção à reintegração do homem em sua totalidade, no compromisso de fazer e de refazer a realidade.

As mãos

Wir allen fallen. Diese Hand da fällt.
Und sieh dir andre an: es ist in allen.

Und doch ist Einer, welcher dieses Fallen
unendlich sanft in sienen Händen hällt.

(Rilke)

FOCALIZAR O *FAZER* PROPÕE a necessidade de falar das mãos, parte do ser humano que significativamente o representa na sua criatividade, pelas táticas inventivas de vivência e sobrevivência, pelo seu trabalho, na sua habilidade de moldar o espaço em que vive, pelas estratégias de construção-desconstrução-reconstrução com que ele transforma o mundo. São apenas parte do corpo humano, mas, verdadeiramente, elas o representam por inteiro.

Pelas mãos o homem se consagra e também se profana, por elas ele se eterniza ou vulgariza-se, ele se eleva ou se degrada e arruína ou edifica tudo a sua volta. As mãos semeiam e colhem; afagam e acariciam; abençoam e conduzem; no toque de energia, promovem a cura e o milagre; reacendem as esperanças; abrem os caminhos; recebem os rebentos da vida e fecham os olhos àqueles que dela se despedem. Elas tocam, pegam, abraçam, carregam, guardam, tecem, aconchegam, acenam, concedem, acalmam, redimem, renovam – em infinidade de ações.

Na mesma proporção, as mãos investem para o ataque e a destruição, amaldiçoam, ateiam fogo e erguem as armas de morte e trevas e grilhões. Elas aniquilam e atiram, descem as foices e os machados da devastação. Com a mesma força, aprisionam ou libertam, seduzem ou revelam, defendem ou acusam, martirizam ou salvam.

Manifestando o homem, as mãos concentram em uma única parte do corpo todo o dualismo de que ele é dotado, nas suas faces opostas de luz e de torpeza, de animalidade e de magnitude, entre o ser e o não-ser. Encerrando "as idéias de atividade", como afirma Chevalier[1] em *Dicionário dos símbolos*, as mãos carregam o sentido de poder e dominação, de criação e transformação, emanando energia positiva e negativa. A própria palavra *manifestar*, que traz em si a mesma raiz, encerra o sentido daquilo "que pode ser seguro ou alcançado pela mão".

Aprofundando-se ainda mais em seu simbolismo, Chevalier coloca:

> [...] a mão é como uma síntese, exclusivamente humana, do masculino e do feminino; ela é passiva naquilo que contém; ativa no que segura. Serve de arma e de utensílio; ela se prolonga através de seus instrumentos. Mas ela diferencia o homem de todos os animais e serve também para diferenciar os objetos que ele toca ou modela.
>
> Mesmo quando indica uma tomada de posse ou afirmação de poder – a mão da justiça, a mão posta sobre um objeto ou um território, a mão dada em casamento –, ela distingue aquele que ela representa, seja no exercício de suas funções, seja em uma situação nova.[2]

A direita e a esquerda definem a lateralidade do ser e, juntas, apontam para seu horizonte entre o norte e o sul, o leste e o oeste, e garantem seu equilíbrio. Da energia das mãos, produz-se a alquimia singular com que se distinguem umas das outras nas várias situações

---

[1] CHEVALIER, Jean; GHEERBRANT, Alain. Op. cit., p. 589.

[2] Ibidem, p. 592.

da vida, do princípio ao fim, revelando o homem e a própria criação. Por isso, as mãos nos remetem às "varinhas de condão" a que recorremos diariamente, uma vez que não adianta esperarmos por fadas madrinhas que não vêm fazer o que não fizermos.

Podemos dizer que, pelas mãos, o ser humano inicia a construção de si mesmo rumo à consciência de sua totalidade física porque delas primeiramente o bebê se apercebe na extensão de sua corporalidade. Ainda ligado ao conjunto-mãe e sem consciência de que ele é um outro indivíduo, a sua identificação começa pelas mãos com que se entretém horas a brincar, embevecido nas suas formas e no seu movimento. Levando-as à boca, estabelece com essa parte de seu corpo uma interação intensa, via oral, como se ele todo fosse apenas mão. Com elas haverá de brincar, desenhar, montar, armar, pintar e escrever.

São elas verdadeiramente os instrumentos mágicos de nossa criatividade e, para fazermos delas o condão de cada dia, precisamos da fantasia que alimente nossa imaginação.

Em *Gramática da fantasia*,[3] Gianni Rodari destina um capítulo a essa questão, apresentando a função da imaginação e a importância da fantasia na vida do ser humano. "A função criativa da imaginação pertence ao homem comum", diz ele, e "é realmente condição necessária da vida cotidiana, pois as mudanças da realidade dependem de pessoas criativas que saibam fazer uso da imaginação".

Desde pequenas, as pessoas precisam ser estimuladas na imaginação, pelos jogos e brincadeiras que operam sobre o real através da fantasia, que é sempre criativa. Citando Rodari:

---

[3] RODARI, Gianni. *Gramática da fantasia*. 6. ed. Trad. Antonio Negrini. São Paulo: Summus, 1982, p. 139.

A VIVÊNCIA E A INVENÇÃO NA PALAVRA LITERÁRIA

'Criatividade' é sinônimo de 'pensamento divergente', isto é, de capacidade de romper continuamente os esquemas da experiência. É 'criativa' uma mente que trabalha, que sempre faz perguntas, que descobre problemas onde outros encontram respostas satisfatórias (na comodidade de situações onde se deve farejar o perigo), que é capaz de juízos autônomos e independentes (dos pais, do professor e da sociedade), que recusa o codificado, que remanuseia objetos e conceitos sem se deixar inibir pelo conformismo. Todas estas qualidades manifestam-se no processo criativo.[4]

Em nossa tarefa de educar crianças e jovens, não podemos perder de vista o teor da imaginação em sua formação, lembrando que "para conhecer-se, é preciso imaginar-se".[5] Na realidade, "nós só nos conhecemos, imaginando-nos", conforme coloca Pouillon.[6] Estimular a imaginação demanda entrar no reino da fantasia, como uma forma de experimentar a realidade antes de vivê-la. Pelo jogo, pela brincadeira, no mundo do faz-de-conta e principalmente da ficção será mais fácil, sobretudo à criança, lidar com os objetos misteriosos, os acontecimentos incompreensíveis e a sua própria presença no mundo.

A criança começa a fantasiar a partir de um fato ou de um aspecto real e distancia-se dele criando visões gloriosas que lhe permitem vencer sentimentos momentâneos de absoluta desesperança; enfrenta também os aspectos da personalidade que lhe são muito complexos, inaceitáveis e contraditórios. Exteriorizando emoções e sentimentos nas brincadeiras e satisfazendo os desejos mais grandiosos em fantasia, a criança fica mais em paz consigo mesma e com a realidade.

Assim também acontece com os jovens que se apartam da vida concreta e mergulham em devaneios, ligados aos seus ideais de bele-

---

[4] Ibidem, p. 140.
[5] Ibidem, p. 99.
[6] POUILLON, Jean. *O tempo no romance*. Trad. Heloysa de Lima Dantas. São Paulo: Cultrix, 1974, p. 38.

za, felicidade, heroicidade, pessoa amada, às vezes, exasperados pelas suas incertezas em relação à sexualidade. Toda complexidade de existir redimensiona-se no universo da fantasia onde todos, inclusive os adultos, podem reelaborar as pressões inconscientes e as situações igualmente opressoras do cotidiano, retornando reassegurados e renovados ao mundo real, assim como despertamos de nossos sonhos, mais aptos a enfrentar as tarefas do dia seguinte.

Geralmente, na linha direta da relação afetiva, a mãe é a primeira pessoa a perceber a necessidade de usar a fantasia para a "fome de estímulo" da imaginação de seu filhinho e, ao alimentá-la, está ajudando-o a crescer e a desenvolver-se. O pai, os avós, os irmãos mais velhos, as babás e tantas outras pessoas que valorizarem essa necessidade concorrem para instituir o "faz-de-conta" que tanto nos conforta quando ensaiamos algo a respeito da vida e da verdade.

A ficção abre a mesma perspectiva, em forma de prazer, por apresentar-se a uma certa distância da realidade; embora tenha esta mesma realidade como ponto de partida, é uma forma de compreendê-la e estruturá-la. A fantasia, que faz parte do universo ficcional, subtrai o receptor (leitor) da vida comum e leva-o a lidar com os elementos da vida interior e exterior da mesma forma que a criança experimenta a realidade nas suas brincadeiras.

Sobre isso, Umberto Eco adianta que "qualquer passeio pelos mundos ficcionais tem a mesma função de um brinquedo infantil":

As crianças brincam com boneca, cavalinho de madeira ou pipa a fim de se familiarizar com as leis físicas do universo e com os atos que realizarão um dia. Da mesma forma ler ficção significa jogar um jogo através do qual damos sentido a infinidade de coisas que aconteceram, estão acontecendo ou vão acontecer no mundo real. [7]

---

[7] Eco, Umberto. Op. cit., p. 93.

Nesse ponto vale rever como é trabalhada a fantasia no processo ficcional dos livros aqui analisados e como ela é colocada, na literatura, a serviço do leitor para que ele, enquanto ser humano e ser social, possa alimentar-se desse ingrediente e depois lidar com situações de sua vida.

Refazer o mundo

Nutrido na fantasia, será mais leve ao homem enfrentar a dureza da vida, fazendo de suas mãos o instrumento maravilhoso da transformação. Mas para isso acontecer, ele precisa ter conhecimento do potencial criativo latente em sua imaginação para dar-lhe asas e torná-lo ato. Foi justamente tal ato que o fez inventar a máquina para a qual transferiu o seu poder produtivo, economizando para si mesmo a energia corporal e mental e o tempo dispensado a uma atividade que passou a ser realizada mais rapidamente por ela. Contudo, não lhe conferiu a energia criativa que não depende de eletricidade, mas de iniciativa e de improvisação. "Os homens não são máquinas",[8] estas trabalham mecanicamente, de acordo com um esquema de programação, sem a energia das mãos que sustentam calor e emoção.

Por mais engenhosas que sejam, as máquinas surpreendem e encantam as pessoas apenas temporariamente, enquanto não se compreendeu toda a sua engrenagem e talvez porque o próprio homem contemple nela o seu espírito inventivo. Somente no princípio sua admiração se restringe aos prodígios da produtividade de que é dotada, mas assim que ela fica automaticamente incorporada à vida diária, dela o homem se desinteressa tanto quanto pelos produtos que dela advêm.

---

[8] FRISCH, Max. *Os homens não são máquinas.* Trad. Rui Mendes Garcia. Lisboa: Arcádia, [19 –].

AS MÃOS

A máquina foi inventada para servir ao homem e perderá essa função no momento em que o sobrepujar e passar a ser supervalorizada pelo próprio criador. Como isso está acontecendo de forma ampla e acelerada, a vida está se tornando cada vez mais mecanizada, principalmente no âmbito urbano, onde os aparelhos e equipamentos eletrônicos tomam conta das pessoas e da sua capacidade de imaginar, visto que o potencial das máquinas não deixa espaço para a fantasia e a criatividade. Os homens inventaram máquinas que fazem tudo por ele e inclusive máquinas que dispensam o outro homem com quem deveriam se relacionar, de tal forma que seus dedos e sua mão passaram a tocar teclas e *plugs* de aparelhos frios e impessoais, em lugar do outro seu semelhante.

Nesse contexto inserem-se todas as pessoas, inclusive crianças, com seus brinquedos eletrônicos, cuja ação tange o universo virtual, nas brincadeiras de um indivíduo que ainda nem compreendeu seu mundo concreto. A mesma situação vivenciam os jovens em um contato virtual pelas salas de "bate-papo" na internet, preenchendo a imagem ideal de amigo e pessoa amada de forma impessoal, nem sempre verdadeira, em uma relação intencionalmente distante e sem compromisso com o outro.

Mais do que nunca é preciso repovoar o mundo com a fantasia, aquela fantasia que encante e fale diretamente às necessidades do ser humano, a fim de que o fortaleça a continuar na sua inventividade natural. Essa é a tarefa da literatura e da arte em geral, que abre a perspectiva de liberdade e de recuperação do homem.

No que se refere à ficção, a força inventiva que se expressa pela fantasia ganha sempre novos contornos, oferece sempre algo a ser decifrado, algo novo que se revela em cada parte de seus bosques onde penetra o leitor. Nesse contexto, o homem também se renova, é retirado de sua vida comum, de sua tangência terrena e eleva-se rumo ao cosmo, num plano superior visto que ele próprio se descobre enobrecido.

A VIVÊNCIA E A INVENÇÃO NA PALAVRA LITERÁRIA

Como a literatura possibilita o jogo livre da imaginação, oportuniza ao leitor ligar as suas experiências individuais às experiências do personagem, a cujas trajetórias se emparelham; "ao lado dos personagens mágicos enfileiram-se os personagens do mundo cotidiano".[9] A forma como é construído o mundo ficcional na literatura permite ao leitor ordenar a própria realidade e descobrir o prazer de inventar.

Entre os livros analisados nesta pesquisa, *Feito à mão*, de Lygia Bojunga,[10] traduz plenamente esse jogo, pelo procedimento metalingüístico com que fala do fazer literário em paralelo com o brincar da criança.

"Peguei este papel e este lápis, os dois 'tão sempre à mão (outra vantagem de escrever à mão! para armazenar, eu não preciso levantar do momento que eu estou vivendo), e começei a botar aqui esse contentamento, essa tristeza, essa tarde de verão." [...]

"[...] a mão que continua experimentando:
a palavra no papel,
a linha no pano,
a lã na tela."[11]

"[...] eu fiz minha primeira casa".[12]

"[...] eu fui levando pro galinheiro tudo que é boneca, e brinquedo, e prato e panela, e mais aquele pessoal todo que eu descobria nos costureiros da minha mãe: agulha, linha, te-

---

[9] RODARI, Gianni. Op. cit., p. 65.

[10] BOJUNGA, Lygia. *Feito à mão*. Rio de Janeiro: Agir, 1999.

[11] Ibidem, p. 26-7.

[12] Ibidem, p. 28.

AS MÃOS

soura, retalho, novelo de lã, ovo de cerzir meia, colchete de pressão.

Levei também um bocado de botão pra conversar. E brincar de minha casa tomou conta de mim. Cada vez que eu ia pra lá, a minha mão não sossegava: pendurando pano na tela pra fingir de cortina, usando um poleiro pra virar ele em cabide, usando o outro pra varal, arrastando tijolo desabado pra fazer fogão e pra marcar no chão que, aqui é a sala, ali a cozinha, o quarto eu faço amanhã, fazendo gaveta de graveto, pra ir botando lá dentro agulha, linha e botão, trazendo folha seca pra fazer colchão, travesseiro e almofada pra urso e boneca dormir, catando pedrinha pro piso da varanda (o pedaço desabado serviu logo de varanda), botando areia no prato, pra fazer de farofa, e barro, pra fazer de pirão, e descobrindo, assim, o prazer de inventar um outro uso pro que meu olho via e a minha mão pegava: essa folha vai dar colchão, essa areia vai dar farofa, esse poleiro vai dar cabide; e, depois, alargando o prazer: deu!" [...]

"Passei muitos anos esquecida dessa minha primeira casa. Mas um dia, eu enxerguei ela de novo, aqui da janela. E me dei conta do quanto aquele espaço tinha norteado a idéia que eu formei depois de 'uma minha casa': um espaço que eu podia inventar / reinventar; um espaço que a minha mão tinha que ajudar a fazer. [...]; um espaço que [...] a minha mão ia poder vestir." [13]

"Tempos atrás me deu vontade de fazer um livro do princípio ao fim [...]. Mas eu só queria fazer o livro se ele fosse feito à mão. [...]

"[...] tudo que eu andava querendo escrever naquela hora tinha a ver com o fazer à mão: eu queria falar do meu eu-artesã; e queria lembrar a marca que outros artesãos me deixaram e queria voltar atrás na minha vida pra reencontrar o pano bordado, a terra cavada, o barro moldado, e queria juntar eles todos numa pequenina homenagem ao feito à mão". [...]

"[...] quanto mais a tecnologia se impõe, mais rédea eu vou dando pro meu gosto de fazer à mão." [14]

---

[13] Ibidem, p. 29-30.
[14] Ibidem, p. 81-2.

A VIVÊNCIA E A INVENÇÃO NA PALAVRA LITERÁRIA

Assim como brincava de fazer uma "primeira casa", sendo escritora, Lygia Bojunga dá corpo à fantasia e cria um universo em que o leitor pode penetrar e ali vivenciar o que o mundo lhe subtrai, penetrando nos bosques da ficção como se estivesse mergulhando para dentro de si mesmo, retornando revigorado depois à realidade. De várias maneiras, a literatura convida o leitor para passear pelos bosques fantasiosos com que é construída. Como define Umberto Eco,[15] "bosque é uma metáfora para o texto narrativo", de onde uma voz chama este leitor a participar da leitura como se fosse um jogo, mas ele precisa realizar espontaneamente o passeio porque o ato de ler é liberdade. Do contrário, não haverá prazer e a fantasia não poderá operar sobre a imaginação como um alimento necessário e profícuo.

Na criação de Lygia Bojunga, a fantasia é trabalhada pela linguagem, que, construída de forma lúdica, estabelece o jogo com o leitor, permitindo-lhe reorganizar-se interiormente; além disso, nesse ludismo, ela rompe com cânones estabelecidos, marcas de autoridade, de verdade absoluta, de posição social, de direitos e de deveres.

A ação de Vitor *perfurar* a terra em *O sofá estampado* expressa a forma como a autora cria uma situação fantástica, colocando o animal no ambiente dos homens, acenando para o rompimento de situações cristalizadas de alienação e poder.

> "[...] quando ela entrou na sala a Dalva estava vendo televisão e o Vitor cavando o sofá estampado. Ca-van-do. Ele tinha levantado o almofadão e estava cavando o assento bem dentro de um monsenhor. Um buraco redondo, uma coisa muito bem feita, mas assim mesmo o choque foi tão grande que ela gritou: 'Ai, meu sofá!'

---

[15] ECO, Umberto. Op. cit., p. 12.

O Vitor deu um pulo de susto, jogou o almofadão pra cima do monsenhor, ficou com cara de ver televisão, a Dalva foi logo dizendo esse é meu novo namorado, e o Vitor deu um cumprimento tão bem-educado que ela ficou meio sem jeito e não teve coragem de pedir: com licença? e levantar o almofadão e ver mesmo se era mesmo que ele tinha cavado o sofá." [16]

"Cavou até gastar toda a força e muita mágoa, nem sabia quanto tempo. Cavou tão fundo que foi dar no tempo que ele era tatu-criança." [...]

"Vitor voltou pro passado numa terça-feira de manhã." [17]

"A Dona Popô chamou ele na Z. E avisou:
– Você vai anunciar um cigarro novo: Status. É assim: você fuma outros cigarros, tudo irrita a sua garganta, você tosse à beça: aí você muda pro Status: não tosse nunca mais.
O Vitor quase morreu de tossir pra poder anunciar e fumar o tal de Status. No meio da filmagem, a unha não agüentou mais: cavou.
A Dona Popô deu ordem pra aproveitar a cena de cavação pra um comercial de cavadeira elétrica: de uma filmagem só tirou dois anúncios; e a orelha da Dona Popô tremeu que só vendo.
Começaram a mostrar o anúncio do Status cada cinco minutos na tevê. Todo o mundo apontava o Vitor na rua.
– Olha o tatu da tevê!
O Vitor só faltava morrer de encabulamento; a unha não queria mais parar de cavar; de manhã a garganta já acordava coçando.
O Status desatou a vender. E aí Dona Popô usou o Vitor pra anunciar Queijo Oblivion, Vodka Bliss e Cerveja Plus.
E depois usou o Vitor pra anunciar pasta de dente, aparelho de barba, desodorante, toalha, sabão, sabonete.
Alugou o Vitor pra anunciar em Porto Alegre e Belo Horizonte.

---

[16] BOJUNGA, Lygia. *O sofá estampado*, cit., p. 13.

[17] Ibidem, p. 20-1.

A VIVÊNCIA E A INVENÇÃO NA PALAVRA LITERÁRIA

> Vendeu o Vitor 15 dias pra Curitiba.
> Fechou contrato com o Vitor pra Portugal.
> Emprestou o Vitor pro governo anunciar que o agricultor brasileiro devia cavar e plantar mais.
> O Vitor foi ficando num tal estado de nervos de ser tão alugado-vendido-emprestado que já não parava mais de engasgar. [...]
> E a Dona Popô aproveitou a unha do Vitor pra anunciar esmalte.
> Aproveitou pra anunciar mala grã-fina com alça de rabo-de-tatu.
> Aproveitou a orelha do Vitor pra anunciar cotonete." [18]

O estranhamento que se verifica neste contexto remete às condições desumanas nas quais estão inseridas as próprias pessoas, inferiorizadas por serem usadas ao extremo até ficarem reduzidas a pedaços, como o tatu Vitor.

> "Comer? O Vitor não podia: a tosse logo empurrava a comida pra fora. A carapaça já andava balançando de tão magro que ele estava. Uma tarde olhou bem pra cara dele no espelho; se achou o fim; chorou; engasgado mas chorou; e só parou porque a Dona Popô chamou ele na Z.
> A Dona Popô olhou fundo pro Vitor quando ele entrou. Achou que ele estava caindo aos pedaços [...] mas quem sabe ainda dava pra aproveitar qualquer coisa.
> E a Dona Popô aproveitou a unha do Vitor... " [19]

O despedaçamento de Vitor aponta para a fragmentação da vida atual, em relação às pessoas, à aquisição do conhecimento e aos valores, num contexto que pretende construir uma imagem da realidade mais real do que ela mesma. Nessa situação, o elemento estranho instala um fantástico que não lida nem com o sobrenatural e nem com a hesitação diante do insólito; deflagra, na verdade, uma denún-

---

[18] Ibidem, p. 96-8.
[19] Ibidem, p. 97.

cia ao simulacro; o estranhamento acusa a acomodação e o conformismo em lugar de desencadear a hesitação.

A ficção rompe assim mais uma vez com as regras estabelecidas por uma razão que tem se apresentado absolutamente irracional, condenando-se nesse fantástico o que a própria sociedade deveria condenar, aquilo que ela deveria combater em benefício de seus membros e da vida comum. Não é o elemento sobrenatural que se apresenta como índice transgressor, mas o próprio real.

Dentro do processo fabular, vale remarcar a presença do animal nesse procedimento, levando em conta a intenção à humanização, a fantasia servindo à provocação, à experimentação da verdade, pois os animais prestam-se à reflexão do homem sobre si mesmo e sobre a sua responsabilidade social, além de tocar na questão da identidade e da interpessoalidade. Essa provocação ou experimentação da verdade é também uma das particularidades da menipéia,[20] como forma de trabalhar a fantasia na ficção e satirizar a realidade.

Verifica-se ainda uma outra particularidade, que consiste na combinação de "um excepcional universalismo filosófico e uma extrema capacidade de ver o mundo" comum à ousadia de invenção. Sendo a menipéia o gênero das "últimas questões, onde se experimentam as últimas oposições filosóficas, procura apresentar [...] as palavras derradeiras, decisivas e os atos do homem, apresentando em cada um deles o homem em sua totalidade."[21] Desmontar certas situações e reconstruí-las num novo mundo, sob outra visão, é o aceno que está na ousadia de Lygia Bojunga, comum a outra ótica que revele a verdade.

> "Mas então, se também não era imaginação, tudo era verdade." [22]

---

[20] BAKHTIN, Mikhail. Op. cit., p. 98.

[21] Ibidem, p. 99.

[22] BOJUNGA, Lygia. O sofa estampado, cit., p. 105.

A VIVÊNCIA E A INVENÇÃO NA PALAVRA LITERÁRIA

Pelo olhar de criança, é outro o mundo que se descortina em forma de brincadeira, onde a fantasia comparece para instalar uma nova realidade. É o que acontece em *A casa da madrinha*, em que os personagens Vera e Alexandre inventam o cavalo Ah, na garupa do qual vivem muitas aventuras em companhia do Pavão. Para atingirem esse plano, essas crianças precisaram romper o escuro, ridicularizando o medo por meio do desenho.

Transposta para a linguagem literária, tal atitude revela um tratamento à fantasia pela carnavalização, que, na teoria de Bakhtin, apresenta o próprio carnaval como uma situação forjada:

> No carnaval, forja-se, em forma concreto-sensorial semi-real, semi-representada e vivenciável, *um novo modus de relações mútuas do homem* com o homem, capaz de opor-se às onipotentes relações hierárquico-sociais da vida extracarnavalesca. O comportamento, o gesto e a palavra do homem libertam-se do poder de qualquer posição hierárquica [...] que os determinava totalmente na vida extracarnavalesca, razão pela qual se tornam excêntricos e inoportunos do ponto de vista da lógica do cotidiano não-carnavalesco.[23]

Por essa categoria da cosmovisão carnavalesca, Lygia Bojunga desenha uma ruptura no próprio desenho das personagens crianças, opondo o escuro e o medo à liberdade de escolha. Recorrendo a um "fantástico-experimental", por meio do qual se torna possível uma observação a partir de um ângulo de visão inusitado, o escuro revela a luz interior de cada um, experimentando-se assim as forças de ser contra as amarras de poder.

> "[...] disseram que a gente só podia ir até a cerca..." [...]

> "[...] de tanto falar no medo, ficaram com a impressão certinha que o medo estava bem perto; era só estender a mão que pronto: tocavam nele." [...]

---

[23] BAKHTIN, Mikhail. Op. cit., p. 106.

AS MÃOS

"– Quer saber de que mais? Eu não deixo ele me amarrar, não deixo." [...]

"Tomou coragem e experimentou desenhar na frente dela a roda de um sol." [24]

Encarado de outro ponto de vista, o escuro ganha contornos caricatos no desenho dessas crianças, iluminadas a partir de seu interior para enfrentar a situação de medo que as tolhia.

Ao construir a fábula e estabelecer o jogo com o leitor ou criar um estranhamento através do hiper-real, é sempre o elemento fantástico o aspecto fundamental do universo ficcional criado por Lygia Bojunga. Nesses limites, o leitor pode viver numa realidade que é absolutamente nova, ele também sendo iluminado para enfrentar o mundo real sob outro ângulo.

Não se esgotam nessa abordagem todos os tratamentos à fantasia, nem nos mencionados livros deste trabalho e nem no conjunto da obra de Lygia Bojunga. Tocamos apenas nos mais expressivos para ressaltar a importância da fantasia e o valor da ficção como ingrediente e caminho para a alimentação da mente humana, principalmente para as crianças e os jovens no que tange à Literatura Infantil e Juvenil oferecer.

Nas mãos do escritor encerra-se esse importantíssimo compromisso, especialmente no mundo de hoje em que ninguém, certamente, espera por fadas e madrinhas e nem consegue encantar-se com varinhas de condão porque se perdeu a capacidade de nelas acreditar.

---

[24] BOJUNGA, Lygia. *A casa da madrinha*, cit., p. 79-80.

Dar as mãos

Essa incapacidade deve-se a um desencanto em relação aos sonhos do homem em um mundo tão cruelmente real a cassar-lhe o direito de idealizar para depois encontrar a realização na vida.

Alice Vieira valoriza, sobretudo, esse encantamento e, sem instalar um fantástico para distanciar-se da realidade de forma reflexiva, traz na sua obra essa mesma realidade como vivência, realçando sempre a necessidade da fantasia como o alimento da imaginação.

Não existem fadas e nem varinhas de condão na vida real, mas há crianças, cuja voz a autora empresta para falar da vida como ela é, sempre destacando a importância da relação entre as pessoas. E a história que ela escreve toca justamente nas pessoas de carne e osso, que sentem e choram, enfrentam a dureza de cada dia, sem esquecer-se do outro a quem devem carinho, amor e atenção.

> "Mas fadas, só as há nos livros e mesmo assim nem em todos." [25]

> "Gostava de um dia escrever uma história." [...]

> "A minha história havia de falar de nós todos..." [26]

Lançando mão da visão simples e autêntica do narrador-criança, a autora portuguesa nos introduz no mundo ficcional pela sensorialidade, a fim de que possamos apreendê-lo com a mesma naturalidade com que dele nos apercebemos no plano real. Acrescentada de uma lógica infantil, essa apreensão torna-se ainda mais verdadeira por conta da visão pueril, ingênua e espontânea.

---

[25] VIEIRA, Alice. *Rosa, minha irmã Rosa*, cit., p. 113.

[26] VIEIRA, Alice. *Lote 12, 2° frente*, cit., p. 93.

AS MÃOS

"A casa da tia Magda é cheia de sombras [...]. Os móveis são escuros e altos, e as tábuas do chão rangem quando a gente passa e os vidros da cristaleira até parece que tocam música. Acho que há muitos anos que ninguém abre aquela cristaleira, que ninguém bebe por aqueles copos nem por aquelas chávenas. Deve estar tudo cheio de pó, com certeza." [...]

"E a Rosa começou a rir, a rir, como nunca tinha rido. [...] E descobri que a Rosa já servia para alguma coisa. Como os vidrinhos coloridos dentro da garrafa da sala." [...]

"Às vezes penso que há coisas que só mesmo as crianças são capazes de entender e aceitar." [27]

"Se a tristeza tivesse cheiro, acho que tinha o cheiro das paredes da casa da avó Elisa.
Cheiro que não tem nada a ver com humidade ou bafio, como as paredes da casa da tia Magda. Aí é diferente [...] cheira a um tempo vazio..." [28]

"Nunca pensei que a minha casa pudesse ficar assim vazia, assim tão cheia de nenhum barulho." [...]

"Ouço meterem a chave à porta..." [...]

"[...] nós fazemos muita falta aos nossos pais, mesmo que eles não o reconheçam. Mesmo que eles pensem que os crescidos são eles. E que os crescidos é que sabem a verdade de todas as coisas." [...]

"Escutar os ruídos do elevador em movimento e acreditar sempre que é ela finalmente [...]
Ouvir mais uma vez o elevador. [...]
Ouvir a campainha
A chave que se mete na fechadura.
A porta que se abre." [29]

---

[27] VIEIRA, Alice. *Rosa, minha irmã Rosa*, cit., p. 59-68
[28] Ibidem, p. 104.
[29] Ibidem, p. 111-8.

> "Esta casa não cheira a gente. Cheira a cimento fresco, a tinta deitada há pouco [...] Cheira sobretudo a vazio..." [...] O meu quarto não cheira a mim..." [30]

> "[...] o cheiro do chocolate quente que a gente bebe ao chegar da escola, ou o cheiro do chão encerado ou o cheiro do cabelo da Rosa quando acaba de tomar banho, ou o cheiro da manhã de domingo [...] ou o cheiro de um caderno novo... [...]

> Qualquer dia hei-de dizer à Rita que ela cheira a alfazema, a tomilho, a jasmim, a pão quente. Que é como quem diz: ao que cheiram as pessoas de quem se gosta de verdade e para sempre." [31]

Ligado sempre ao aspecto afetivo, o sensorial denota um contato permanentemente humanizado com as coisas e com as pessoas, sem o qual todo o aparelho dos sentidos seria dispensável.

> "[...] no final de muitas, muitas horas [...] a minha mãe veio buscar-me e levou-me para casa. E a casa estava nesse dia muito mais clara, e havia flores nas jarras, e o corredor cheirava a maçãs, e o riso da avó Lídia era mais alegre que nos outros dias, e a chuva era muito mais bonita e mansa nos vidros do meu quarto do que nos vidros da escola. E o chocolate estava todo esmagado na minha mão e era bom". [32]

Nesse estreitamento, as mãos ultrapassam o sensorial e o próprio fazer, porque na criação de Alice Vieira são elos de afetividade, firmando laços que interligam as pessoas e assentam os alicerces de sustentação emocional sobre os quais constroem a sua vida. Representativas de relações profundas, propagam-se em sinestesia para o

---

[30] VIEIRA, Alice. *Lote 12, 2º frente*, cit., p. 22.

[31] Ibidem, p. 84.

[32] VIEIRA, Alice. *Chocolate à chuva*, cit., p. 128.

conhecimento do mundo e do outro, expressando sempre o encontro do homem com os outros homens.

> "[...] faltava-me a voz da mãe [...], faltavam-me as suas mãos a aconchegarem-me ao corpo a roupa da cama. Faltava-me saber que ela estava ao pé de mim mesmo que não a visse nem ouvisse." [33]

> "No outro dia a minha prima Isaura disse para a minha mãe: – Já nem sabes pegar na menina como deve ser! [...]

> Ela tirou a minha irmã da alcofa, passou-lhe um braço por volta do pescoço e outro pelas costas, que a minha irmã ficou toda aninhada e as mãos dela pareciam um barco ou um berço." [34]

> "[...] fico contente por ela não conhecer a avó Lídia, não ir ouvir as suas histórias, não ir comer pão com queijo arranjado pelas suas mãos." [35]

> "Continuo sentada ao colo do pai, sem dizer nada. Ele também não fala, mas passa a mão pelo meu cabelo, como eu gosto que ele faça e como ele há tempo não fazia." [36]

> "Estendo a minha mão até a sua cama, até encontrar a sua mãozinha suada. Agarro nela, prendo os meus dedos nos seus, e fecho os olhos também." [37]

Por essas mãos a vida se encanta, são elas as "varinhas mágicas" do correr diário, transcendem o fazer concreto para atingirem um fazer-crescer interno dentro de um conjunto em que todos evoluem.

---

[33] VIEIRA, Alice. *Rosa, minha irmã Rosa*, cit., p. 8.
[34] Ibidem, p. 28.
[35] Ibidem, p. 94.
[36] Ibidem, p. 113.
[37] VIEIRA, Alice. *Lote 12, 2º frente*, cit., p. 25.

A VIVÊNCIA E A INVENÇÃO NA PALAVRA LITERÁRIA

"Quando o sono não vinha, a avó Lídia parecia que adivinhava. Entrava no meu quarto devagarinho, sentava-se à beira da minha cama, e cantava... [...]
[...] a avó não saía ao pé de mim antes de a cantar toda e isso era uma segurança.
De vez em quando canto [...] para a Rosa..." [...]

"[...] dá-me vontade de pegar numa esferográfica e escrever, escrever, nem sei o quê.
Escrever que cresci [...] É um crescer por dentro..." [38]

"Eu comia o pão com queijo que ela me dava e sabia que, ao fim do dia, a mãe e o pai chegavam do escritório e tinham sempre tempo para conversarem comigo, e saberem como tinha corrido a escola e essas coisas todas. Às vezes o pai até tinha tempo para ver comigo a caderneta de cromos." [39]

"Olho para a Maria do Céu, deitada neste divã estreito e penso que, afinal de contas, deve haver com certeza outro culpado para lá do tempo. Porque não é justo que ela esteja nesta casa desconfortável, suja e velha, onde as pessoas ralham e têm nódoas nos fatos, e devem dinheiro, e passam a vida a trabalhar em coisas de que não gostam. Porque ela devia estar numa casa alegre e com janelas por onde o sol entrasse logo de manhã." [40]

Permanecendo no espaço intermédio da denúncia, Alice Vieira não rompe completamente com os cânones determinados por uma razão que organizou desproporcional e injustamente tudo no mundo, mas acusa as situações indignas de vida pelo contato direto com a realidade por meio do afetivo. Por isso, na história que Mariana gostaria de escrever não entrariam sapos que se transformassem em príncipes, nem "princesas adormecidas durante 100 anos" que depois

---

[38] Ibidem, p. 23-8.
[39] VIEIRA, Alice. *Rosa, minha irmã Rosa*, cit., p. 93.
[40] VIEIRA, Alice. *Chocolate à chuva*, cit., p. 154.

acordassem "como se nada tivesse acontecido, nenhuma ruga, nenhum cabelo branco ao menos".

> "A minha história havia de falar de nós todos, desta casa, da escola, do Jorge, e não digo que não metesse pelo meio algumas princesas mas teriam de ser em tudo iguaizinhas a nós, com dores de barriga, birras e amuos, pouco dinheiro para gastar, palácios transformados em 'lotes' ou 'células', menstruação cinco dias em cada mês, horas perdidas nas bichas dos autocarros, más notas quando estudassem pouco. E uma abóbora seria só uma abóbora. E as madrinhas seriam apenas madrinhas. [...]
> Às vezes penso que é para isso mesmo e só para isso que as fadas devem existir: para encherem os sonhos das crianças. Das crianças como a Rosa, que ainda não viveram o tempo suficiente para saberem que as fadas estão mesmo à beirinha de suas camas, logo pela manhã, com uma chávena de leite entre as mãos, que às vezes cheiram à sabão e à lixívia."[41]

Em tais histórias, mesmo com o encantamento, não entra o estranho; reitera-se o real da vida corrente, com seus ciclos e seus acontecimentos diários, onde os seres extraordinários são pessoas de carne e osso, os elos de nossa roda de afeto.

> "[...] assim que a Rosa for mais crescida só lhe vou contar histórias de verdade [...] a história do avô Joaquim [...], a história do pai da prima Isaura [...], a história da avó Lídia [...], a história da tia Magda obrigada a escolher entre ficar numa casa sem pão nem calor ou vir para Lisboa, para longe da família e dos amigos.
> Às vezes revolvo todos os meus livros de histórias de encantar e fico a pensar como todas estas pessoas foram mais importantes do que as fadas, boas ou más. Tocar com uma varinha de condão numa abóbora e dizer 'quero que isto se transforme em carruagem'– que dificuldade há nisso, partindo do

---

[41] VIEIRA, Alice. *Lote 12, 2° frente*, cit., p. 93-4.

princípio que as varinhas de condão não estão avariadas nem as fadas perderam seus dons sobrenaturais. [...] O que é difícil é fazer de nossas mãos as varinhas de condão que não existem, que não existiram nunca a não ser na imaginação das pessoas. O que é difícil é acreditar nas pessoas como se acreditava nas fadas." [42]

"Isto contava muitas vezes a avó Lídia.
Acho que sou capaz de me lembrar de todas as palavras para um dia o contar à Rosa. Só que não vou lhe dizer que havia quem chamasse maluca à tia Emília.
E também acho que não faz mal se eu disser que a Malhada tinha uma linda estrela na testa. Tal como acontece nos livros de histórias." [43]

Essa "linda estrela" não seria uma simples recordação de impressões vividas por Mariana quando ouvira da avó Lídia a história da tia Emília e da Malhada, mas uma forma de reelaboração criativa dessas impressões, num processo por meio do qual uma criança "combina entre si os dados da experiência no sentido de construir uma nova realidade". [44] Pela função da imaginação criativa, a menina desenvolve-se ao mesmo tempo em que ajuda também a irmã Rosa a crescer.

O signo *estrela* transporta a personagem e também o leitor do concreto-real que a narradora pretendia instituir em suas histórias para o plano da ficção, no qual a fantasia representa o não-vivido, o não-experimentado. Sendo difícil fazer de nossas mãos as varinhas de condão e acreditar nas pessoas como se acreditava nas fadas, "é preciso imaginação, para creditar que o mundo possa tornar-se mais humano". [45]

---

[42] Ibidem, p. 92.
[43] VIEIRA, Alice. *Rosa, minha irmã Rosa*, cit., p. 71.
[44] RODARI, Gianni. Op. cit., p. 139.
[45] Ibidem, p. 143.

Dar as mãos, portanto, não compreende apenas conjugar-se ao outro em um encontro físico e real; significa alcançar, de mãos dadas, próximas ou distantes, todos os outros: pelo olhar, pelo toque, pela imaginação, pela invenção, pelo ato afetivo de integração. Os homens não vivem isolados, e essa verdade é tão indiscutível que, ao estender as mãos, eles se completam na sua totalidade e harmonizam-se a todos os sistemas dos quais nunca poderiam ter se desmembrado. A rehumanização depende essencialmente de mãos que se enlacem para glorificar aqui na Terra o grande feito da Criação, implícitas na invenção de Alice Vieira e de Lygia Bojunga e no próprio ato de escrever – no fazer literário.

> "E que outra maneira de armazenar eu posso ter... senão... escrever?" [...]
> "[...] a mão, que continua experimentando: a palavra no papel..." [46]

> "[...] numa casa onde todos ajudam, a vida não é difícil, e sempre sobram uns minutos para se olhar à nossa volta..." [47]

De mãos dadas todos se reconhecerão no contato e na energia do outro e estarão salvos de perderem o rumo para reencontrarem a sua casa e retornarem ao Paraíso, o Centro do mundo.

> "Mas será apenas para adormecermos e acordarmos que as casas servem?" [48]

> "E é decerto para que essas pessoas todas se possam encontrar [...] que as casas existem." [49]

---

[46] BOJUNGA, Lygia. *Feito à mão*, cit., p. 26-7.
[47] VIEIRA, Alice. *Lote 12, 2º frente*, cit., p. 139.
[48] Ibidem, p. 138.
[49] Ibidem, p. 156.

A VIVÊNCIA E A INVENÇÃO NA PALAVRA LITERÁRIA

Esse retorno demanda uma reconstrução, o que equivale a um verdadeiro ato de criação pois, segundo Elíade,[50] "o mundo ao nosso redor, civilizado pela mão do homem, não tem validade além daquela devida ao protótipo extraterreno que serviu como seu modelo. O homem constrói de acordo com um arquétipo", reinstalando na Terra um lugar sagrado onde todos se encontram, ligado ao modelo-paraíso. Reencontrar o Centro também é recriar, voltar ao âmbito do sagrado, "a zona da realidade absoluta", porque, pela afirmação desse estudioso, "apenas o que é sagrado *existe* de maneira absoluta, agindo com eficiência, criando coisas e fazendo com que elas perdurem".

Desse ato criador participa intensamente a arte pelas múltiplas linguagens com que se expressa e, dentro dela, o escritor por recuperar a palavra ao homem na reconstrução deste mundo que não depende mais da palavra de Deus. A literatura cria um novo real, reinaugurando a vida e o homem na sua invenção, fundindo o ato criador e o processo literário.

---

[50] ELIADE, Mircia. Op. cit., p. 21-3.

A palavra literária

O vazio do futuro é tão-só
um futuro vazio.

(Boaventura de Souza Santos)

UMA VEZ QUE não se pode mais esperar pela palavra divina para indicar o rumo de nossa caminhada, o vazio do futuro decididamente depende da nossa ação; portanto, é dar mão à vida e tratar de instalar uma outra realidade, desenhando um novo horizonte a nossa frente. Esse fazer nos remete à tarefa da desconstrução-reconstrução, valendo-nos da palavra para renomear o mundo em que vivemos.

Boaventura de Sousa Santos[1] coloca que "depois de séculos de modernidade, o vazio do futuro não pode ser preenchido nem pelo passado nem pelo presente", justamente porque é necessário reverter o paradigma sob o qual se equacionam todos os esquemas de nossa vida em sociedade. Esse novo paradigma que, segundo esse estudioso, ainda não surgiu, deve partir da relação entre as pessoas para todas as estruturas vitais e não dos sistemas por interesses políticos e exclusivistas individuais.

---

[1] SANTOS, Boaventura de Sousa. *Pela mão de Alice*. 4. ed. São Paulo: Cortez, 1997, p. 322.

Nesse paradigma, que será novo e outro, o ser humano deve ser o ponto fulcral, de cuja necessidade vibram aspirações e possibilidades para a criação de alternativas com que será desfeita a escuridão do futuro. Os modelos impostos e desgastados precisam ceder lugar a novas formas de viver, a outros valores que devem surgir da relação interpessoal, uma vez que a cada dia se descobre o quanto o materialismo condena as pessoas à solidão e ao aniquilamento.

Partindo de uma modernidade que já "exauriu a sua capacidade de regeneração e desenvolvimento", o homem entende a cada dia, nos efeitos crescentes que o desumanizam, a urgência de um outro propósito de vida a fim de que se superem as suas crises de afeto, de valores e de identidade.

Fechando o horizonte de expectativas e de possibilidades anteriores para criar novas alternativas, recusando a subjetividade do conformismo para criar a vontade de lutar por outros horizontes, poderá haver um renascimento, uma remotivação consciente de ser. Essa será a utopia apontada como solução pelo autor acima referido, considerando estarmos em transição para uma nova era; na sua definição de futuro e de soluções, o vazio será preenchido com a utopia.

"Em nome de algo radicalmente melhor que a humanidade tem direito de desejar e por que merece a pena lutar",[2] essa utopia não consiste em inventar um lugar novo e admirável para o qual nos transportaremos; demanda transformar o lugar onde vivemos em uma outra realidade, promover "uma deslocação radical dentro de um mesmo lugar", do centro para a margem, reincorporando num todo os elementos excluídos pela dominação.

É evidente que as mãos dos homens todos não se alcançam em forte elo nesse propósito, uma vez que os interesses da vida atual quebram a corrente e impedem uma visão telescópica das crises por conta do tratamento microscópico às individualidades. Contudo, so-

---

[2] Ibidem, p. 323.

bre a linha interceptada desta trajetória desce uma outra, em silencioso e sutil enlace, à retaguarda de cada um de nós, expressando nossas carências: acusa nossas vontades, aponta as alternativas para a mudança, traça as possibilidades de horizontes, pelas mãos da fantasia leva-nos ao mundo da ficção.

Falamos da LITERATURA, onde a utopia, como a hipérbole da grande carência do homem, tremula o tempo todo como uma bandeira, na invenção de cada escritor por sua palavra-revelação. No universo literário, a palavra, enfraquecida no ser de linguagem, toma corpo e ganha voz, deixando aberto sempre o último elo, mão estendida, para a corrente da interlocução a ampliar-se de modo infinito em perspectiva de permanente renovação. Nessa seara semeada com mitos, versos e contos, o homem acolhe-se em sua "casa da madrinha" onde poderá encarar a sua essência e depois sair mais seguro de ser, por portas e janelas, escadas ou buracos (ou chaminés) para as estradas do mundo, na tarefa de reinventar a realidade.

Dessa forma, a utopia é a palavra que, pluridimensional no universo da ficção, propaga uma utopia ainda maior, que é o próprio ser humano, cuja magnitude ele mesmo vem cancelando por ter desprestigiado em suas mãos a sua capacidade e a sua natureza. Ao criar um novo real pela palavra, a literatura renomeia o mundo, reconfigura a realidade, inventa um tempo e um espaço totalmente outros dentro da mesma sociedade em que vive o homem.

Conforme vimos na análise, o real apresentado na criação de Alice Vieira e de Lygia Bojunga é a mesma realidade em que estamos inseridos, mas é nova, reinaugurada para os nossos olhos de "admiração",[3] porque podemos vê-la assim de outra distância, como se estivéssemos a ver o mundo pela primeira vez. Sobre essa nova sociedade estende-se um "olhar de ato criador", como afirma Lúcia Pimentel

---

[3] GÓES, Lúcia Pimentel. *Olhar de descoberta*. Ilust. Eva Furnari. São Paulo: Mercuryo, 1996, p.16.

Góes,[4] "distante anos-luz do hábito, do estereótipo, do rótulo", porque é o "olhar de descoberta".

Ao inventar essa nova realidade, Lygia Bojunga e Alice Vieira reinventam o próprio homem em cada leitor, tornando possível a ele enxergar a vida e o mundo de outra forma, e com total liberdade. Na sua tarefa de escrever, confirmam a sua escolha e a sua responsabilidade, carregando todos os homens e ligando a humanidade inteira na sua ação. Essa foi a linha de retaguarda que proporcionou abordar o cotidiano nesta pesquisa, percebê-lo em suas circunstâncias vivenciais e apontar algumas estratégias de superação no concreto-real, porque a literatura, sendo arte, deflagra sempre aquele "olhar que descobre, apreende e aprende".[5]

Aquilo que, muitas vezes, passa desapercebido e automaticamente incorporado em nossa caminhada diária, pôde ser questionado e revolvido em vários aspectos por meio da criação dessas escritoras, mostrando que existem saídas e soluções para as nossas angústias. Além disso, as formas com que ambas trataram o cotidiano permitiram traçar o paralelismo entre a vida e a literatura, em cujo circuito podemos percorrer em vivência com os personagens e com os outros homens, enriquecendo-nos mutuamente em reiterada construção.

Perfilados aos personagens criados por Lygia Bojunga – *Vitor, Alexandre, Angélica, Porto* – e a *Mariana* e *Abílio*, narradores-crianças em Alice Vieira, um leitor pode descobrir o mundo em que vive e um outro, ilimitado, dentro da literatura. Em ambos percebe e aprende muitas coisas para depois vislumbrar a possibilidade de uma outra realidade dentro daquela em que ele se encontra.

Um novo conhecimento advém, assim, do reconhecimento sobre o novo real instalado com a ousadia de um fantástico em que se

---

[4] Idem.

[5] GÓES, Lúcia Pimentel. *A aventura da literatura para crianças*. São Paulo: Melhoramentos, 1990, p. 14.

conjugam o estranho e o hiper-real no processo fabular da criação da escritora brasileira – ou do contraponto entre a afetividade e a solidão no tratamento realista da autora portuguesa.

No plano figurado, as imagens construídas – "casa da madrinha", o tatu perfurador, a gata telespectadora, as avós, a maleta, a Professora, o Inventor, os animais, a escada, a cerca, o cavalo Ah – remetem aos elementos de conflito entre o ser e não-ser que todos nós enfrentamos diariamente para nos mantermos íntegros em nossa dignidade de seres humanos. Propagam ainda os pilares de sustentação desta análise – a *casa*, o *nome*, as *mãos* que se expandem da obra de Alice Vieira e Lygia Bojunga para a experiência particular de cada pessoa.

O homem pode transformar a sua realidade e ultrapassar a fase de crises até atingir uma nova era em que tenha consciência de sua individualidade, da responsabilidade com os outros homens e da importância da sua palavra, que o fará ser o novo locutor do mundo. Nessa trajetória, cujo horizonte projeta-se muito à frente dos modelos vigentes, ele despontará como a Grande Utopia, na harmonização com todos os homens, realizando a tarefa humanitária no seu fazer pelas mãos. Transformar significa justamente ir além das formas de ser, de modo a constituir-se em um novo homem num mundo renovado.

Ao perfurar a Terra e sair no passado, o tatu Vitor acena para as mudanças a serem realizadas no presente em que se petrificam, estagnados, os indivíduos alienados como a gata Dalva; o Pavão, sem o filtro que lhe amarrava o pensamento, abre a esperança da liberdade de expressão para todos os homens; a "casa da madrinha" encontra um correspondente real na família de Mariana, em que pessoas, como tia Magda, não podem entender que exista e acabam aniquiladas na contracasa.

Dessa forma, esperamos ter mostrado por meio deste trabalho as profundas ligações entre a literatura e a vida, o mundo dos homens e a arte, na vivência e na invenção, ambas destacando o ser humano como a obra máxima da Criação, na qual coexistem os personagens, o ser social, o indivíduo comum e o escritor.

Não findamos, entretanto, todas as possibilidades de análise e pesquisa no que se refere à literatura, ao cotidiano ou à obra de Alice Vieira e de Lygia Bojunga Nunes. Deixamos em aberto muitas perspectivas relacionadas principalmente às questões de tempo e espaço, responsáveis pelas situações de transitoriedade e descartabilidade, mudança e velocidade, descontinuidade e heterogeneidade na dinâmica do sistema global. Interessa tocar essas questões por meio da Literatura, que se apresenta como um vasto campo onde se cruzam várias linguagens, porque ela é vida e é arte, expressiva possibilidade de realização do homem em palavra.

O enfoque ao tema *cotidiano* ainda requer muitas outras análises na obra dessas autoras ou de tantas outras (ou outros), no Brasil e em Portugal, marcando muitas questões dentro dessa problemática e, sobretudo, destacando o grande valor e o compromisso da Literatura Infantil e Juvenil para a formação de crianças e jovens dentro da prospectiva do futuro.

As autoras

Alice Vieira

As pessoas enquanto seres humanos são insubstituíveis.

(Alice Vieira)

DE ACORDO COM dados biográficos apresentados por José Antonio Gomes,[1] "Alice Vieira nasceu em Arroios, Lisboa, em 1943. Apenas ingressou na escola oficial no momento de iniciar a freqüência do ensino secundário, tendo passado pelo Instituto Britânico e pelo Conservatório".

Em 1967, concluiu a licenciatura em Filologia Germânica na Faculdade de Letras da Universidade de Lisboa e, após um curto período como professora, trabalhou a partir de 1969 como jornalista no Diário Popular. Em 1978, transferiu-se para o Diário de Notícias, onde permaneceu até 1989. Nesse mesmo jornal, coordenou o suplemento infantil "O Catraio" e escreveu recensões

---

[1] GOMES, José Antonio. *Introdução à obra de Alice Vieira*. Lisboa: Caminho, 1998, p. 9-11.

de livros infantis, atividade a que continua a dedicar-se no "Guia de Pais e Educadores" na revista Rua Sésamo. Colaborou ainda no programa de televisão "Jornalinho".

Antes de consagrar-se inteiramente à escrita para a infância e a juventude, a autora publicou três obras para adultos.

Em 1979, estreou com o romance para jovens *Rosa, minha irmã Rosa*, obra pela qual "foi galardoada com o prêmio Literatura Infantil 'Ano Internacional da Criança', instituído por aquela que viria a tornar-se a sua editora: a Editorial Caminho".

Alice Vieira dedica-se inteiramente ao trabalho literário, tendo editado mais de três dezenas de livros para crianças (romances, uma peça de teatro, contos e uma antologia de poesia popular). É também conhecida pelos artigos e crônicas que continua a publicar em jornais e revistas, assim como o trabalho pela televisão, tendo colaborado na série de programas infantis Rua Sésamo.

Freqüentemente é convidada para palestras e encontros com seus leitores jovens e adultos em escolas, bibliotecas e em outras instituições culturais, em Portugal e no estrangeiro. Nas palavras de José Antonio Gomes:

> Os livros de Alice Vieira estão traduzidos em várias línguas européias, conhecem sucessivas edições em Portugal e têm sido distinguidos com os mais importantes prêmios portugueses de literatura para a infância, incluindo o Grande Prêmio Calouste Gulbenkian de Literatura para Crianças/1994, pelo conjunto de sua obra.[2]

Foi nomeada pela Secção Portuguesa do IBBY candidata portuguesa ao Prêmio Hans Christian Andersen em 1996 e 1998. Vários de seus títulos fazem parte da seleção de livros notáveis para crianças e jovens da Biblioteca Internacional da Juventude de Munique.

---

[2] Ibidem, p. 11.

Segundo a autora declarou ao *Jornal de Letras*,[3] a sua obra tem por eixo o tema da pré-adolescência, com uma narrativa marcada pela forma poética e simultaneamente crítica na abordagem de diferentes assuntos como a solidão dos mais novos, as relações criança/ adulto e entre amigos. O universo social das suas histórias pode ser identificado com o cotidiano familiar da pequena e média burguesia lisboeta no período que se seguiu à revolução de 25 de abril de 1974.

A partir desse período, Portugal tem passado por uma constante reestruturação política e social no sentido de substituir a ordem e a disciplina impostas pela ditadura salasarista, por liberdade, segurança e progresso. De acordo com José Hermano Saraiva,[4] "para largos sectores, em especial para a pequena e média burguesia que crescera muito durante o regime anterior, as mudanças desejadas eram no sentido do restabelecimento de uma democracia pluralista, regresso aos partidos, liberdade de oposição, supressão da censura prévia à imprensa e a extinção da polícia política".

Alice Vieira não se considera portadora de grande imaginação, apenas de uma "grande memória" e de uma "capacidade razoável", provavelmente adquirida com o jornalismo, de estar atenta ao que a rodeia, incluindo a família, ponto-central de seus livros, palavra-chave de sua obra.

Em entrevista à *Revista da Sociedade Portuguesa de Autores*, ela disse:

> Para escrever um livro parto sempre de uma história real, de uma coisa que conheço, de algo a que assisti ou de que me lembro. [...]
> [...] tudo gira à volta da família e à memória de tudo o que vivi no seio da minha – desde a infância até aos dias de hoje – está sempre omnipresente

---

[3] FRAGOSO, I. A profissionalização de uma escritora. *Jornal das Letras*, Lisboa, 1990. Não paginado.

[4] SARAIVA, José Hermano. *História concisa de Portugal*. 20. ed. Sintra: Europa-América, 1999, p. 367.

quando escrevo. E além disso a família já não é hoje um clã fechado: é feita pelas pessoas de quem nós gostamos. Isto é: é o pai, a mãe, os avós, os tios, os primos mas é também, e de que maneira, o amigo da escola, o senhor da tabacaria que vende os cromos mais baratos, o sr. Manuel que mora ali ao lado, o peixinho do aquário, as pessoas e os objectos com quem convivemos mais de perto.[5]

Sempre otimista, Alice Vieira fala dos tempos complicados em que vivemos, dentro de um sistema que exalta valores como o imediatismo, a rapidez, o dinheiro, o poder, que promovem um vazio total de idéias. Mesmo assim, ela deposita todas as suas esperanças nas gerações futuras, pois a sua confiança é fruto de uma visão que vai além do imediato. Nas palavras de José Antonio Gomes:

> Muitos dos romances de Alice Vieira colocam o leitor perante personagens jovens que estão no centro de um drama afectivo e emocional. Dotadas de uma imaginação rica (povoada de figuras oriundas do universo dos contos de encantamento), elas exprimem uma visão sensível e crítica das relações entre crianças e adultos, num quadro social que torna, muitas vezes, reconhecível o quotidiano familiar de franjas da pequena e média burguesia lisboeta nos anos que se seguiram ao 25 de Abril. [...]
>
> São também várias as obras da autora que ilustram os processos de construção de uma identidade pessoal e revelam uma atenção peculiar às interacções entre amigos e entre irmãos, às relações da criança com pais e avós ou à realidade das famílias monoparentais. O fascínio perante os poderes da linguagem, a importância da memória e a transmissão e perpetuação de valores, a consciência da temporalidade e o desabrochar da sexualidade constituem outros temas de uma obra que aborda, de modo sensível, a orfandade afectiva dos protagonistas (nos belíssimos *Flor de Mel* e *Paulina do Piano*, 1985, para apenas citar dois exemplos), os desejos de afirmação juvenil (leia-se *Úrsula, a Maior*, 1988) ou o confronto dos mais novos com a solidão e a realidade da morte (como *Flor de Mel* ou *Os olhos de Ana Marta*).
>
> Muito embora as situações de partida sejam, freqüentemente, dolorosas e de difícil superação para os protagonistas, quase todas as histórias da autora de *Viagem à roda do meu nome* encerram um sentido de esperança.[6]

---

[5] VIEIRA, Alice. A arte de bem escrever para todos os jovens. *Revista da Sociedade Portuguesa de Autores*, Lisboa, p. 21-5, jun. 1994.

[6] GOMES, José Antonio. Op. cit., p. 14-6.

Seguindo o comentário no referido estudo a respeito de Alice Vieira, José Antonio Gomes completa:

O fascínio pela literatura popular está na origem de um outro projecto que tem ocupado a autora: uma adaptação criteriosa de alguns dos mais conhecidos contos portugueses – *Histórias tradicionais portuguesas*, publicado pela Editorial Caminho. Em 1988, idêntica atitude motivara o reconto de seis lendas de Macau, incluídas na coleção "Contos e Lendas de Macau" (Instituto Cultural de Macau/Editorial Pública). Por último, a publicação de uma excelente antologia de poesia de raiz oral, destinada aos mais novos, *Eu Bem Vi Nascer o Sol* (1994), confirma, mais uma vez, o interesse de Alice Vieira pela tradição popular e pelos seus intérpretes. Não surpreende, pois, nos seus textos, a sobrevivência de uma memória cultural ligada à imagem mítica do contador de histórias familiar, encarnado em personagens como a criada Leonor, de *Os olhos de Ana Marta*, a avó Lídia, de *Rosa, minha irmã Rosa*, ou a avó Rosário de *Flor de Mel*. [7]

Voz de destaque no panorama atual da literatura juvenil portuguesa, Alice Vieira traz um universo de puro domínio humano, onde jovens e crianças podem conviver com as realidades que os rodeiam, ajudando-os a encarar a vida da melhor maneira possível.

Lygia Bojunga Nunes

LIVRO: a troca

Pra mim, livro é vida; desde que eu era muito pequena
os livros me deram casa e comida.
Foi assim: eu brincava de construtora, livro era tijolo;
em pé, fazia parede; deitado, fazia degrau de escada;
inclinado, encostava um no outro e fazia telhado.
E quando a casinha ficava pronta eu me espremia
lá dentro pra brincar de morar em livro.
De casa em casa eu fui descobrindo o mundo (de tanto

---

[7] Ibidem, p. 17-8

olhar pras paredes). Primeiro, olhando desenhos; depois,
decifrando palavras.
Fui crescendo; e derrubei telhados com a cabeça.
Mas fui pegando intimidade com as palavras. E quanto
mais íntimas a gente ficava, menos eu ia me lembrando
de consertar o telhado ou de construir novas casas.
Só por causa de uma razão: o livro agora alimentava
a minha imaginação.
Todo o dia a minha imaginação comia, comia, e comia;
e de barriga assim toda cheia, me levava pra morar no
mundo inteiro: iglu, cabana, palácio, arranha-céu,
era só escolher e pronto, o livro me dava.
Foi assim que, devagarinho, me habituei com essa troca
tão gostosa que – no meu jeito de ver as coisas –
é a troca da própria vida; quanto mais eu brincava no
livro, mais ele me dava.
Mas como a gente tem mania de sempre querer mais,
eu cismei um dia de alargar a troca: comecei a fabricar
tijolo pra – em algum lugar – uma criança juntar com
outros, e levantar a casa onde ela vai morar.

(Lygia Bojunga)

Lygia Bojunga Nunes nasceu em Pelotas, Rio Grande do Sul, e mudou-se ainda criança para o Rio de Janeiro. Foi nessa cidade que fez seus estudos na Companhia Teatral de Henriette Morineau. Sempre em busca de novas opções profissionais, viajou e morou em diversas cidades e também no campo. Trabalhou em televisão e teatro, mas sua verdadeira vocação se revelou quando se dedicou à vida de escritora.

Em 1982, Lygia Bojunga foi a primeira escritora latino-americana a receber, pelo conjunto de sua obra, o prêmio Hans Christian Andersen, o mais prestigiado prêmio literário internacional, considerado o "Nobel" da literatura infanto-juvenil. Seus livros já foram traduzidos em diversos países.

AS AUTORAS

Em 1964, fixa moradia no campo, em um vale no Estado do Rio de Janeiro, comprando um sítio ao qual deu o nome de Boa Liga, onde fundou uma escola rural que manteve por cinco anos.

Grande viajante, percorre o Brasil com as suas "mambembadas", projeto da Casa Lygia Bojunga, feito a três (eus): escritora, atriz e andarilha, conforme ela mesma diz. Esse trabalho compreendia apresentações teatrais andantes com o qual descobre muito a respeito de seu país, de sua gente e de si mesma.

Corre ainda as três Américas, o Caribe, a Europa, a Escandinávia, o Oriente Médio e a União Soviética. Em 1979, muda-se com o marido para a Inglaterra e desde essa época vive ora em Londres, ora no Rio de Janeiro, onde ainda mantém residência.

Em *Dicionário crítico da literatura infantil e juvenil brasileira*, Nelly Novaes Coelho coloca a autora como "uma das vozes mais ricas da literatura questionadora de mundo que caracteriza o novo na criação literária".

> Lygia, em cada livro, enfoca um problema específico da existência humana, através das relações fundamentais que se estabelecem entre o eu e o outro. Em todos eles, a imaginação criadora (lúdico-crítica) é o motor-geratriz da efabulação. A consciência da palavra como construção do real é a pedra angular que sustenta o seu mundo de ficção.[8]

Em sua obra aborda temas de grande complexidade, como a miséria, a fome, as questões sociais, a morte, a educação, o ensino nas escolas, o preconceito, além da exploração do outro e da alienação, tão presentes no sistema econômico desumano em que vivemos. Em todos os livros está sempre presente a valorização do trabalho como meio de realização do homem.

---

[8] COELHO, Nelly Novaes. *Dicionário crítico da literatura infantil e juvenil brasileira*. São Paulo: Edusp, 1995, p. 655.

Seu primeiro livro publicado foi *Os colegas* (1972), "divertida estória que se trama com as pitorescas aventuras entre cinco bichos (três cachorros, um urso e um coelho) que, fugidos de diferentes lugares onde viviam, acabam se encontrando, descobrindo afinidades entre si e formando uma pequena comunidade", conforme comentário de Nelly Novaes Coelho em *Dicionário crítico da literatura infantil e juvenil brasileira*".[9] Dentro do mesmo verbete, ainda acrescenta:

> Embora engajada numa linha problemática humanista de natureza universal, Lygia Bojunga Nunes impregna seu universo de ficção de uma vibração bem brasileira: o olhar gaiato lançado sobre o mundo; a disponibilidade lúdica para encarar as durezas da vida; e principalmente o prazer de viver (que é uma mescla de inconsciência infantil, entusiasmo e esperança, apesar dos pesares).
>
> É sem dúvida essa fusão do universal com o nacional que faz de sua obra algo que nos encanta como coisa nossa e, ao mesmo tempo, é 'traduzível' em quaisquer outras terras.[10]

Conferindo um imenso valor ao ato de criação como plena valorização do ser, destaca o importante papel do leitor dentro do jogo maravilhoso que é o livro e que sempre a acompanha desde menina. Ganhando a liberdade pelo prazer encontrado na aventura de ler, descobriu seu lado criativo e deu asas à invenção no seu fazer literário, que acabou sendo a sua própria aventura interior.

Na verdade, a literatura moldou toda a sua vida, incluindo os espaços em que fixou suas moradas e onde pôde conjugar todos os seus eus num fazer constante que sempre a colocou em "sintonia com a vida". *Livro, um encontro com Lygia Bojunga* é a criação que melhor representa a sua ligação com esse amigo que sempre revelou o seu lado de leitora e de escritora.

---

[9] Ibidem, p. 656.
[10] Ibidem, p. 668.

Bibliografia

ABRAMOVICH, Fanny. *Literatura infantil:* gostosuras e bobices. São Paulo: Scipione, 1997. 174p.

ANDRADE, Almir. O ser e o tempo. *As duas faces do tempo.* Rio de Janeiro: José Olympio, 1971. Cap. 9, p. 107-67.

ARANHA, Maria Lúcia Arruda; MARTINS, Maria Helena Pires. *Filosofando:* introdução à filosofia. 2. ed. rev. São Paulo: Moderna, 2001, 395p.

BACHELARD, Gaston. *A poética do espaço.* Trad. Antonio Costa Leal e Lídia do Valle Santos Leal. Rio de Janeiro: EldoradoTijuca, [199 –]. 176p.

BAKHTIN, Mikhail. *Questões de literatura e de estética.* Trad. Aurora Fornoni Bernardini et al. 3. ed. São Paulo: Unesp, 1993. 439p.

_____. Problemas da poética de Dostoiévski. Trad. Paulo Bezerra. Rio de Janeiro: Forense Universitária, 1981. 239p.

BATAILLE, Georges. *A literatura e o mal.* Trad. Suely Bastos. Porto Alegre: L&PM, 1989. 222p.

BERMAN, Marshall. *Tudo o que é sólido desmancha no ar.* Trad. Carlos Felipe Moisés e Ana Maria L. Ioriatti. São Paulo: Companhia das Letras, 1996. 360p.

BETTELHEIM, Bruno. *A psicanálise dos contos de fadas.* Trad. Arlene Caetano. 6. ed. Rio de Janeiro: Paz e Terra, 1986. 366p.

BOJUNGA, Lygia. *Livro:* um encontro com Lygia Bojunga. 4. ed. Rio de Janeiro: Agir, 2001. 56p.

A VIVÊNCIA E A INVENÇÃO NA PALAVRA LITERÁRIA

_____. *A cama*. Rio de Janeiro: Agir, 1999. 170p.

_____. *O Rio e eu*. Ilust. Roberto Magalhães. Rio de Janeiro: Salamandra, 1999. 70p.

_____. *Feito à mão*. Rio de Janeiro: Agir, 1999. 110p.

_____. *Corda Bamba*. 20. ed. Ilust. Regina Yolanda. Rio de Janeiro: Agir, 1998. 125p.

_____. *O sofá estampado*. 22. ed. Ilust. Regina Yolanda. Rio de Janeiro: José Olympio, 1997. 107p.

_____. *O meu amigo pintor*. 15. ed. Rio de Janeiro: José Olympio, 1997. 51p.

_____. *A bolsa amarela*. 30. ed. Ilust. Marie Louise Nery. Rio de Janeiro: Agir, 1997. 115p.

_____. *Os colegas*. 38. ed. Ilust. Gian Calvi. Rio de Janeiro: José Olympio, 1997. 93p.

_____. *Angélica*. Ilustrações de Vilma Pasqualini. 18. ed. Rio de Janeiro: Agir, 1995. 116p.

———. *A casa da madrinha*. 13. ed. Ilust. Regina Yolanda. Rio de Janeiro: Agir, 1993. 94p.

_____. *Tchau*. 10. ed. Ilust. Regina Yolanda. Rio de Janeiro: Agir, 1995. 79p.

BORTOLUSSI, Marisa. *Análisis teórico del cuento infantil*. Madrid: Alhambra, 1985. 150p.

CALVINO, Ítalo. *Seis propostas para o próximo milênio*. 2. ed. Trad. Ivo Barroso. São Paulo: Companhia das Letras, 1995. 141p.

CERTEAU, Michel et al. *A invenção do cotidiano*. Trad. Ephraim Ferreira Alves e Lúcia Endlich Orth. Petrópolis: Vozes, 1997, v. II. 372p.

CERTEAU, Michel. *A invenção do cotidiano*. 2. ed. Trad. Ephraim Ferreira Alves. Petrópolis: Vozes, 1996, v. I. 351p.

CHALHUB, Samira. *A metalinguagem*. 2. ed. São Paulo: Ática, 1988. 88p.

CHARTIER, Roger. *A história cultural*. Trad. Maria Manuela Galhardo. Rio de Janeiro: Bertrand, 1990. 244p.

CHAUI, Marilena. *Convite à filosofia*. 6. ed. São Paulo: Ática, 1997. 440p.

CHEVALIER, Jean; GHEERBRANT, Alain. *Dicionário de símbolos*. 9. ed. Trad. Vera da Costa e Silva et al. Rio de Janeiro: José Olympio, 1995. 996p.

COELHO, Nelly Novaes. *Literatura, arte, conhecimento e vida*. São Paulo: Peirópolis, 2000. 159p.

_____. *Dicionário crítico da literatura infantil e juvenil brasileira*. São Paulo: Edusp, 1995. 1339p.

BIBLIOGRAFIA

_____. *Literatura infantil:* teoria, análise, didática. 5. ed. rev. São Paulo: Ática, 1991. 247p.

_____. *Literatura e linguagem.* 4. ed. reformulada. São Paulo: Quíron, 1986. 276p.

_____. *Escritores Portugueses.* São Paulo: Quíron, 1973. 260p.

CONNOR, Steven. *Cultura pós-moderna.* 4. ed. Trad. Adail Ubirajara Sobral e Maria Stela Gonçalves. São Paulo: Loyola, 2000. 229p.

COSTA, Carolina. *Entre quatro paredes. Educação,* [s.l.], ano 28, n. 250,p. 44-51, fev. 2002.

ECO, Umberto. *Seis passeios pelos bosques da ficção.* Trad. Hildegard Feist. São Paulo: Companhia das Letras, 1994. 158p.

_____. *Lector in fabula.* Trad. Attílio Cancian. São Paulo: Perspectiva, 1986. 219p.

ELIADE, Mircea. *Mito do eterno retorno.* Trad. José Antonio Ceschin. São Paulo: Mercuryo, 1992. 147p.

FISHER, Rosa Maria Bueno. *O mito na sala de jantar.* Porto Alegre: Movimento, 1984.

FRAGER, Robert; FADIMAN, James. *Teorias da personalidade.* Trad. Camila Pedral Sampaio e Sybil Sofdié. São Paulo: Harper e Row do Brasil, 1979.

FRAGOSO, Isabel. A profissionalização de uma escritora. *Jornal das Letras.* Lisboa, nov. 1990. Não paginado.

FRANZ, Marie-Louise von. *A individuação dos contos de fada.* 2. ed. Trad. Eunice Katunda. São Paulo: Paulinas, 1985. 275p.

FREUD, Sigmund. *O mal-estar na civilização.* Trad. José Octávio de Aguiar Abreu. Rio de Janeiro: Imago, 1997. 112p.

FRISCH, Max. *Os homens não são máquinas.* Trad. Rui Mendes Garcia. Lisboa: Arcádia, 1957. 311p.

GÓES, Lúcia Pimentel. *Em busca da matriz:* contribuição para uma história da literatura infantil e juvenil portuguesa. São Paulo: Clipper, 1998. 256p.

_____. *O olhar da descoberta.* Ilust. Eva Furnari. São Paulo: Mercuryo, 1996. 160p.

_____. *Introdução à literatura infantil e juvenil.* 2. ed. São Paulo: Pioneira, 1991. 189p.

_____. *A aventura da literatura para crianças.* São Paulo: Melhoramentos, 1990. 64p.

_____. *Uma violeta na janela.* 2. ed. São Paulo: Paulinas, 1988. 44p.

GOLDMANN, Lucien. *A sociologia do romance.* 3. ed. Trad. Álvaro Cabral. Rio de Janeiro: Paz e Terra, 1990. 223p.

GOMES, José Antonio. *Introdução à obra de Alice Vieira.* Lisboa: Caminho, 1998. 61p.

A VIVÊNCIA E A INVENÇÃO NA PALAVRA LITERÁRIA

HARVEY, David. *Condição pós-moderna*. 5. ed. Trad. Adail Ubirajara Sobral e Maria Stela Gonçalves. São Paulo: Loyola, 1992. 349p.

HUIZINGA, Johan. *Homo ludens*. 4. ed. Trad. João Paulo Monteiro. São Paulo: Perspectiva, 1996. 243p.

HUTCHEON, Linda. *Poética do pós-modernismo*. Trad. Ricardo Cruz. Rio de Janeiro: Imago, 1991. 331p.

ITAÚ CULTURAL. Vertentes da produção contemporânea – Rumos Itaú Cultural Cultural Artes Visuais. São Paulo, maio-jun. 2002. Não paginado.

JAMESON, Fredric. As antinomias da pós-modernidade. *As sementes do tempo*. Trad. José Rubens Siqueira. São Paulo: Ática, [199–].p. 16-81.

_____. O pós-modernismo e a sociedade de consumo. In: KAPLAN, E. Ann. (Org.). *O mal estar no pós-modernismo*. Trad. Vera Ribeiro. Rio de Janeiro: Zahar, [19–].p. 25-44.

JAUSS, Hans Robert et al. *A literatura e o leitor*. Trad. Luiz Costa Lima. Rio de Janeiro: Paz e Terra, 1979. 213p.

JESUALDO. *A literatura infantil*. Trad. James Amado. São Paulo: Cultrix, 1978. 210p.

JUNG, C. G. *Eu e o inconsciente*. Trad. Drª Dora Ferreira da Silva. 4. ed. Petrópolis: Vozes, 1984.

_____. *AION – Estudos sobre o simbolismo do si-mesmo*. Trad. Dr. Léon Bonaventure et al. Petrópolis: Vozes, 1982.

_____. *Fundamentos da psicologia analítica*. Trad. Araceli Elman. Petrópolis: Vozes, 1972.

LE GOFF, Jacques. *A história nova*. Trad. Eduardo Brandão. 2. ed. São Paulo: Martins Fontes, 1993. 318p.

_____. et al. *História e nova história*. Trad. Carlos da Veiga Ferreira. 3. ed. Lisboa: Teorema, [19–]. 119p.

LEITE, Dante Moreira. *Psicologia e literatura*. 4. ed. São Paulo: Hucitec/Unesp, 1987. 256p.

LEPECKI, Maria Lúcia. O substantivo e o adjetivo. *Diário de Notícias*. Lisboa, 29 jan. 1991.

_____. Contar uma história como deve ser. *Diário de Notícias*. Lisboa, 7 maio, 1989.

LOTMAN, Iuri. *A estrutura do texto artístico*. Trad. Maria do Carmo Vieira Raposo e Alberto Raposo. Lisboa: Estampa, 1978. 479p.

LUKÁCS, Georg. Los problemas del reflejo em la vida cotidiana. *Estética*. Trad. Manuel Sacristán. Barcelona: Grijalbo, 1965. p. 33-145.

BIBLIOGRAFIA

MARÍAS, Julián. A filosofia existencial de Heidegger. *História da filosofia*. Trad. Alexandre Pinheiro Torres. Porto: Souza C. Almeida, 1973. cap. 6.

MARIOTTI, Humberto. *As paixões do ego*. São Paulo: Palas Athena, 2000. 350p.

MORIN, Edgard. *A cabeça bem-feita*. Trad. Eloá Jacobina. 4. ed. Rio de Janeiro: Bertrand, 2001. 128p.

_____. *Meus demônios*. Trad. Leneide Duarte e Clarisse Meireles. 2. ed. Rio de Janeiro: Bertrand, 2000. 274p.

NEUMANN, Erich. *A grande mãe*. Trad. Fernando Pedroza de Mattos e Maria Sílvia Mourão Netto. São Paulo: Cultrix, 1999. 536p.

NEVES, H. *Os olhos de Ana Marta*: o novo livro de Alice Vieira. *Mulheres*, n.19, 1990,p. 75.

NUNES, Maria Leonor. A família Vieira / Castrim: letradíssima trindade. *Jornal das letras*. Lisboa, 5 jul. 1995. Artes e idéias,p. 10-2.

PERROTTI, Edmir. *Confinamento cultural, infância e leitura*. São Paulo: Summus, 1990. (Novas buscas em educação: v. 38), 111p.

PIRES, Maria da Natividade. A voz de uma palmeira. *Jornal das letras*. Lisboa, 29 jun. 1992.

PORTUGAL, A. Paula. A escrita em dia. *Diário do Alentejo*. Alentejo, 22 jan. 1988.

POUILLON, Jean. *O tempo no romance*. Trad. Heloysa de Lima Dantas. São Paulo: Cultrix, 1974. 201p.

PROPP, Vladimir. *Las transformaciones del cuento maravilhoso*. Trad. Hugo Acevedo. Buenos Aires: Rodolgo Alonso, 1972. 70p.

REVISTA da SPA (Sociedade Portuguesa de Autores). Alice Vieira: a arte de bem escrever para todos os jovens. Lisboa, p. 21-25, jun. 1994.

ROCHA, Natércia. *Breve história da literatura para crianças em Portugal*. 2. ed. Lisboa: Instituto de Cultura de Língua Portuguesa, 1992. 157p.

_____. *VIEIRA*, Alice. In: *Bibliografia geral da literatura portuguesa para crianças*. Lisboa: Comunicação, 1987. p. 227-228.

RODARI, Gianni. *Gramática da fantasia*. Trad. Antonio Negrini. 6. ed. São Paulo: Summus, 1982. 160p.

RUFINO, Sonia M. Vanzella Castellar. A percepção do espaço e a distinção entre o objeto e o nome. *Cadernos Cedes*. Campinas, n. 39, p. 88-96, 1996.

SANTOS, Boaventura de Sousa. *Pela mão de Alice*. 4. ed. São Paulo: Cortez, 1997. 348p.

SANTOS, Douglas. A tendência à desumanização dos espaços pela cultura técnica. In: RUFINO, S. (Org.). *Cadernos Cedes*. Campinas, n. 39, p. 88-96, 1996.

SARAIVA, José Hermano. *História concisa de Portugal*. 20. ed. Sintra: Europa-América, 1999. 375p.

SARAMAGO, José. *Todos os nomes*. São Paulo: Companhia das Letras, 2001. 279p.

SARTRE, Jean-Paul. *Que é a literatura?*. Trad. Carlos Felipe Moisés. 2. ed. São Paulo: Ática, 1993. 231p.

_____. *A imaginação*. Trad. Luiz Roberto Salinas Fortes. In: CIVITA, V. (Org.). *Os pensadores*. São Paulo: Abril Cultural, 1973. p. 39-113.

_____. *As palavras*. Trad. J. Guinsburg. 3. ed. São Paulo: Difusão Européia do Livro, 1967. 159p.

TODOROV, Tzvetan. *Introdução à literatura fantástica*. 2. ed. Trad. Maria Clara Correa Castello. São Paulo: Perspectiva, 1992. 188p.

_____. *As estruturas narrativas*. Trad. Leyla Perrone-Moisés. São Paulo: Perspectiva, 1979. 206p.

VIEIRA, Alice. *Caderno de Agosto*. Ilust. José Miguel Ribeiro. Lisboa: Caminho, 1995. 197p.

_____. A arte de bem escrever para todos os jovens. *Revista da Sociedade Portuguesa de Autores*, Lisboa, p. 21-5, jun. 1994.

_____. *Leandro, rei da Heliria*. 2. ed. Lisboa: Caminho, 1991. 112p.

_____. *O promontório da lua*. Ilust. Helena Caldas. 3. ed. Lisboa: Caminho, 1991. 161p.

_____. *Os olhos de Ana Marta*. Ilust. Cristina Sampaio. 3. ed. Lisboa: Caminho, 1990. 156p.

_____. *A lua não está à venda*. Ilust. Constança Lucas. Lisboa: Caminho, 1988. 171p.

_____. *Úrsula, a maior*. Ilustrações de Manuel Moura. Porto: Edinter, 1988. 220p.

_____. *Viagem à roda do meu nome*. Ilust. Ivone Ralha. 2. ed. Lisboa: Caminho, 1987. 143p.

_____. *Águas de verão*. Ilustrações de Catarina Rebello. Lisboa: Caminho, 1985. 149p.

_____. *Chocolate à chuva*. 11. ed. Ilust. Henrique Cayatte. Lisboa: Caminho, 1982. 179p.

_____. *Rosa, minha irmã Rosa*. 5. ed. Ilust. Henrique Cayatte. Lisboa: Caminho, 1980. 121p.

_____. *Lote 12, 2º frente*. Ilust. Maria Keil. Lisboa: Caminho, 1980. 156p.

YUNES, Eliana; PONDÉ, Glória. *Leitura e leituras da literatura infantil*. São Paulo: FTD, 1988.

Apêndices

I

EM UMA SEQÜÊNCIA de três livros dentro da obra de Alice Vieira, a história que a personagem narra traz para o leitor o cotidiano de sua casa, na movimentação diária da família, incluindo os amigos e os vizinhos, sob a visão de mundo de uma menina entre o final da infância e o início da adolescência.

Em *Rosa, minha irmã Rosa*, a narradora, aos dez anos, sente desmoronar-se seu universo afetivo por causa do nascimento da irmã, que altera o espaço e o tempo da casa e da vida familiar, "coisa tão pequena que, de repente [...] se torna a pessoa mais importante". Vendo desviar-se a atenção do pai e da mãe, inunda-se de ciúme e não entende para que lhe serve uma irmã que não sai da alcofa, não fala nem anda, não brinca e nem sabe ler e escrever.

Com discurso pueril, próprio de sua faixa etária, Mariana fala dos avós, da tia Magda e da amiga Rita, do peixe Zarolho e da boneca Zica, marcando o círculo familiar afetivo ao qual inicialmente não inclui a irmã.

No tempo normal do correr dos dias, a casa volta a harmonizar-se e a menina recupera a certeza da estima dos pais e, aos poucos, adapta-se ao ritmo de outra realidade, aceitando a irmã na sua roda de afeto. Foi uma aceitação paulatina, mas não sem contar com as contribuições valiosas que lhe chegaram pelas avós, principalmente a avó Lídia, com suas cantigas e histórias que não metiam bruxas nem fadas, porque eram passadas com pessoas comuns de seu tempo de criança.

Na figura dos pais da menina desponta a firmeza de uma educação consciente, sem exageros nem falsidades, fundada em valores, salientando a função dos genitores no processo de crescimento dos filhos, fundamentalmente na qualidade do tempo dedicado a eles.

***

Novamente se desequilibra a estabilidade emocional de Mariana quando os pais resolvem mudar-se de casa, comprando um pequeno apartamento em recém-construído condomínio – *Lote 12, 2º Frente* –, cujas paredes recendiam a cimento fresco e à pintura recente. Paredes sem história, sem o eco das vozes das pessoas, sem guardar o riso da avó Lídia registrado na antiga casa onde viveram.

Vendo a necessidade de "dar gente a esta casa" que cheira a vazio, Mariana vai percebendo que o novo espaço dia-a-dia recebe novos contornos, moldando-se à família, com seus cheiros, sua movimentação e com a Rosa ali a crescer.

Como na casa velha, sente também nesse outro lugar, o distanciamento entre as pessoas, a falta de comunicação com os vizinhos, lamentando vê-los somente de longe e não saber-lhes ao menos os nomes. Sem perder o contato com a amiga Rita, a quem considera sua "irmã", faz novos amigos na escola e encanta-se cada dia mais com a irmãzinha, "rosa mais bonita que todas as princesas que se inventaram."

Começando a amadurecer como fruto, ela se descobre mulher, aos doze anos, diante da primeira menstruação, entre a "mãe árvore" e a "irmã flor", numa sucessão natural com que compreende e aceita os aspectos de sua feminilidade.

APÊNDICES

Apontando mais uma vez para a profunda importância dos pais na orientação dos filhos, a autora constrói a imagem dos genitores como modelos seguros e serenos, marcando o centro-casa, de paredes já riscadas, com bonecos pelos cantos e cheiros de todas as pessoas, como o lugar do aconchego e da humanização.

***

Em *Chocolate à chuva*, mais familiarizada com a nova casa e o espaço externo do condomínio, Mariana dá os primeiros passos em direção à autonomia, no sentido de arriscar-se a sair da barra da proteção materna, participando de uma excursão de fim-de-semana com a escola.

Sem opor-se ao pedido entusiasta da filha, a mãe testa a sua auto-suficiência e, com a permissão, dá-lhe a chance de com ela emparelhar-se na dupla linha em que ambas deverão caminhar progressivamente na troca de energias femininas. A mesma que dispendem para tratar de Rita na complicada separação dos pais e na ajuda que Mariana dá à amiga Susana, sufocada pelo exagerado zelo da mãe, que lhe veta o direito de ser criança e pré-adolescente.

Nessa atenção, as meninas intensificam amizade e, dentro dessa relação, destaca-se o valor da liberdade para o desenvolvimento do ser na reciprocidade do afeto que leva uma e outra a crescerem.

***

Pautando a narrativa em duas direções no tempo e no espaço, *Viagem à roda do meu nome* não faz parte desta seqüência, mas também apresenta os fatos pela voz e visão da criança, um menino chamado Abílio, nada satisfeito com o nome que recebera ao nascer.

Em uma direção corre a viagem de retorno à Lisboa, linearmente, desde que ele entra na camioneta com os pais até chegarem ao destino. Enquanto a paisagem se descortina pela janela, uma estranha senhora inicia uma conversa com Abílio, falando mais a si mesma do que ao interlocutor, nas suas visões e nas imagens trazidas de sua memória. Noutra direção, várias cenas do cotidiano do menino, em família, na escola com os amigos, na sala de aula, compõem o quadro de rejeição ao seu nome, que decidira firmemente substituir por Luís.

Entretanto, a morte da prima Maria Constança, que fora visitar na Gafanha, e as conversas com a sua companheira de viagem deixaram para trás a sua decisão de mudar de nome assim como "a senhora do chapéu de palha" que lhe dera de presente uma pomba e um coelho que não existiam; "um vitelo acabado de nascer", "o Janeca a ouvir crescer o mundo", a prima "que ele não voltaria a encontrar".

A essa distância, recordar Maria Constança confirma a aceitação de seu nome, afinal ela o escolhera e na sua boca Abílio "soava maviosamente"; recordá-la seria compreender que as pessoas de quem gostamos nunca morrem, conforme lhe ensinara a estranha senhora por muitos considerada doida.

***

Em todos esses livros a autora apresenta a forma de pensar particular da criança diante dos acontecimentos da vida com os quais ela precisa lidar no plano real, sem deixar de enaltecer a presença da família nesses momentos e o valor dos avós dentro desse universo.

II

Em Lygia Bojunga, *O sofá estampado* contrasta a realidade imóvel e inútil das coisas por meio dos personagens animais – a gata angorá Dalva e o tatu Vitor – cuja ação denuncia situações de poder, alienação, consumismo e desumanização na vida atual.

Namoram o tatu e a gata, mas, na verdade, apenas ficam sentados sobre o sofá estampado, o olho de Dalva pregado na tevê e os

APÊNDICES

de Vitor embevecidos em sua amada, indiferente aos seus sentimentos e às suas palavras, porque "o que ela realmente curtia era ver televisão".

No nervosismo por esse amor não-correspondido, Vitor, sendo tatu, cava o sofá, cava o cimento, cava fundo até encontrar a terra e voltar ao passado, no tempo em que ele era tatu-criança.

Recorrendo a uma estratégia de encaixe-desencaixe do tempo e do espaço na vida de Vitor, a narrativa corre cronologicamente desde o momento em que ele retorna ao passado "numa terça-feira de amanhã na segunda série" até encontrar a Dalva no Rio de Janeiro, para onde viajara depois de formado a fim de ver o mar. Nesse período, a sua trajetória foi sempre desintegração, no engasgo e na tosse aflitiva diante de situações desagradáveis que o faziam perfurar a terra, a unha cavando desesperada à procura de alento para a sua revolta ou desconforto.

Interrompe-se essa seqüência na retomada temporal da cena em que Dalva apresenta o namorado tatu à Dona-de-casa, voltando ao flash *namoro* que não cessou no tempo da relação mas cessou no tempo da narrativa. "Vitor cavou fundo, sumiu lá pro passado", e quando voltou o namoro com a Dalva continuou igualzinho, com os engasgos ainda piores, "era só subir pro sofá estampado que já começava a tossir".

A partir desse ponto, a narrativa se desencaixa da relação e caminha para o tempo do encontro de Vitor consigo mesmo, decidindo voltar para a sua floresta uma vez que, numa quinta-feira depois do almoço, a Dalva tinha lhe enviado recado encerrando o namoro.

"O Vitor foi indo embora, atravessando a rua, dobrando a esquina, deixando a cidade para trás", mas, antes de voltar à floresta, cava novamente para encontrar uma escada que tantas vezes lhe aparecera no caminho e "acaba ficando com uma coisa que sempre foi dele".

A VIVÊNCIA E A INVENÇÃO NA PALAVRA LITERÁRIA

Saíra de casa com o propósito de ver o mar e voltara à floresta sem tê-lo visto, mas então conhecia a si mesmo, sem engasgo, sem tosse, decidido a continuar de onde a Vó tinha parado.

***

O personagem Alexandre, em *A casa da madrinha*, de Lygia Bojunga, sintetiza o sonho de todas as pessoas, crianças ou não, de encontrar um centro fantástico capaz de satisfazer-lhes todos os desejos, quer sejam pobres, carentes, solitárias ou mal-amadas. Diante das dificuldades da vida, com seus caminhos perigosos e traiçoeiros em que muitas vezes se perdem, todos aspiram chegar a este lugar.

Comparece mais uma vez a viagem como o caminho natural para o autoconhecimento, mirando um horizonte ideal *casa da madrinha* onde não faltam abrigo, roupa e comida, afeto e alegria. Se não é possível atingi-la concretamente, essa história abre uma porta e uma janela para a encontrarmos através da fantasia, pela invenção, talvez na garupa de um cavalo Ah, passe mágico com que Alexandre e a amiga Vera finalmente chegam lá: "em cima do morro, meio tapada de flor, tinha uma casa bem branca, com uma janela de cada lado, e mais uma porta azul" em cujo peito uma flor amarela guarda a chave que abre por fora.

Dentro da casa Alexandre vive plenamente, em companhia da amiga, do Pavão, do irmão Augusto e da Gata da Capa, mas vive somente no tempo da imaginação, pois lá fora (ou cá fora na vida real) há o escuro e o medo a serem enfrentados, metaforizando as limitações de cada pessoa diante dos obstáculos da vida cujos enigmas devem ser decifrados para se alcançar a maturidade.

Por isso Alexandre precisou da chave, símbolo do desvendamento, das descobertas com que ele conquista confiança para prosseguir sozinho, toda vida, até encontrar novamente a "casa da madrinha".

Contrapondo esse espaço benfazejo com a Escola Osarta do Pensamento, Lygia Bojunga atenta para os pequenos momentos de

APÊNDICES

felicidade que se repetem e conjugam em nossa vida, insistindo na necessidade da luta e da perseverança na viagem para sempre buscar essa "casa" e renovar o projeto de vida de cada um de nós. Com um horizonte sempre à frente, todos os esquemas de imposição e medo são desmontados e a chama da esperança permanece acesa para evoluirmos.

A grande acusação nesse livro incide sobre o enfraquecimento dos homens em relação ao livre pensamento, seu maior tesouro, direcionando a crítica à escola como sistema de ensino estruturado para atrasar seus aprendizes, disseminando insegurança pela intimidação quando deveria promover a construção do conhecimento e a transformação das pessoas e da realidade.

**

Ao dramatizar a história da cegonha em *Angélica*, Lygia Bojunga aproxima-a do leitor, estabelecendo com ele uma comunicação direta no diálogo que se arma entre o ator (personagem) e o espectador (leitor). Nessa apresentação concretiza-se a idéia que Porto dera de presente à Angélica, abrindo a oportunidade para que ela desmistificasse a farsa inventada sobre as cegonhas com que os adultos enganam as crianças em relação à vinda de bebês ao mundo.

No início a idéia continha apenas nove linhas, era apenas um presente e foi também o começo de um namoro entre o porco Porto e a cegonha Angélica. Depois a idéia ganha corpo, construindo ele e ela cada cena da peça e, à medida que iam imaginando, a cegonha ia escrevendo e contando a sua história com pai, mãe e muitos irmãos. "Passou um bocado de tempo até a peça ficar pronta, mas no dia que ficou", eles descobriram o quanto foi bom "fazer uma coisa difícil e ir até o fim sem desanimar".

Representada, a história reflete a própria vida na qual todos os atores se identificam como pessoas, revelando a si mesmos, principalmente Porto no disfarce com que se escondera como o porco humilhado e rejeitado pelos outros.

A VIVÊNCIA E A INVENÇÃO NA PALAVRA LITERÁRIA

Mais do que a história das cegonhas, Lygia Bojunga desconstrói nesse livro as posturas e as idéias cristalizadas de uma sociedade que emite juízos de valor em relação aos outros com base em estereótipos, rompendo assim com os cânones arraigadas por meio das metáforas e do jogo prefixal com as palavras. Cria novas imagens nesta *des*-construção, instalando uma realidade que é nova e contrária ao que está instituído.

***

Valorizando a força inventiva do ser humano (notadamente a criança) e a atividade das mãos, *Feito à mão* fala da criação e do fazer literário num processo metalingüístico a revelar o desejo de Lygia Bojunga em produzir um livro inteiramente à mão – no papel, no texto, na capa e na produção caligrafada. Um livro em que despontasse o seu "eu-artesã" e, ao mesmo tempo, homenageasse todos os artesãos genuínos, incluindo a sua mãe.

Da idealização para a realização, *Feito à mão* de que dispõe o leitor é, na realidade, uma narrativa desse empreendimento, nos percalços de sua produção, com trechos autobiográficos que condensam, numa só imagem, a escritora, a atriz e a andarilha que é a própria Lygia Bojunga.

Nas suas brincadeiras de casinha, quando criança; na construção de uma casa sua; na criação de seu estúdio, espaço que a sua mão ajudou a vestir; na formação do sítio Boa Liga; nas mambembadas do projeto Casa Lygia Bojunga – sobressai sempre a interação ser-fazer nesta escritora, como ela mesma diz, em incessante movimento de criar e recriar.

Apresentando as dificuldades e as situações desagradáveis por que passou nesse empreendimento, confessa, no final, ter desistido de prosseguir com o projeto porque chegara à conclusão de que ela tinha escrito um livro que o leitor não ia poder ler, pois seria impossí-

APÊNDICES

vel atingir o público com o custo e o número reduzido de exemplares artesanais que seria capaz de produzir.

III

Herbst

Die Blätter fallen, fallen wie von weit,
als welkten in den Himmeln terne Gärten;
sie fallen mit verneinender Gebärde.

Und in den Nächten fällt die schwere Erde
aus allen Sternen in die Einsamkeit.

Wir allen fallen. Diese Hand da fällt.
Und sieh dir andre an: es ist in allen.

Und doch ist Einer, welcher dieses Fallen
unendlich sanft in seinen Händen hällt.
(Rilke)

Tradução de Ilse Dauch e Cleide Papes

Outono

As folhas caem, caem de longe
como se murchassem no céu jardins distantes;
com gesto negativo elas caem.

E na noite cai a pesada terra
de todas as estrelas na solidão.

Nós todos caímos, como esta mão também cai;
e vê nos outros: está em todos.

Mas há Alguém capaz de prender esta queda
infinitamente suave em Suas mãos.
(Rilke)

IV

A individuação é um processo pelo qual passa o ser humano a caminho do amadurecimento, no sentido de atingir a integralidade, tendo como conseqüência a expansão gradual da consciência e uma capacidade sempre maior da personalidade consciente em refletir o *self*. Este é o nome dado à personalidade total, do ser na sua potencialidade, ao ser que está dentro de nós, desde o início, à procura de reconhecer-se ao longo da vida e manifestar-se por meio do *ego*. Por sua vez, *ego* é o "eu" dentro de nós e pode ser entendido como o centro da consciência.

O conceito da individuação é a idéia principal da psicologia de Jung, em uma trajetória que envolve a pessoa em problemas de grande complexidade. Nesse sentido, não se deve entender a conscientização como um processo à luz da razão, mas a fortificação do ser no plano da relação com a dimensão consciente e inconsciente, assumindo as energias de ambos os campos, exterior e interior, em processo cada vez mais denso e rico.

Para Jung, a consciência é como uma película encobrindo a vasta área inconsciente, cuja extensão é desconhecida, mas um elemento inicial do qual deve brotar a condição consciente. Na sua concepção, "o *ego* é um dado complexo, formado primeiramente por uma percepção geral do nosso corpo e existência e, a seguir, pelos registros de nossa memória. [...] É sempre o centro de nossos desejos, sendo o centro indispensável da consciência".[1]

Há um sentido ambivalente no *self* cuja unidade o *ego* pode sentir mas não compreender. Nesse percurso, desnuda-se inicialmente a *persona*, a forma pela qual nos apresentamos no mundo, que, embora tenha funções protetoras importantes, é também uma máscara que encobre o *self* e o inconsciente. Parecendo ser individual, a *persona* a que Jung chamou de "arquétipo da conformidade", no fundo, representa um compromisso entre o indivíduo e a sociedade.

Ao defrontar-se com a sombra, centro do inconsciente e núcleo do material que foi reprimido da consciência, eclodirão as tendências, desejos, memórias e experiências que foram rejeitadas pelo indivíduo, por serem incompatíveis com a *persona* e contrárias aos padrões sociais.

Haverá ainda o enfrentamento com a *anima* ou *animus*, arquétipo a ser encarado como uma pessoa real, uma entidade com quem se pode comunicar e aprender. Sendo um dos mais influentes reguladores do comportamento, esse arquétipo funciona como um mediador fundamental entre processos conscientes e inconscientes. Essa estrutura psíquica básica é o ponto de convergência para todo material da psique que não se adapta à auto-imagem consciente de um indivíduo como homem ou como mulher.

O estágio final da individuação é o desenvolvimento do *self*, arquétipo central da ordem e da totalidade da personalidade. Trata-se de um fator interno de orientação, muito diferente e até mesmo estranho ao *ego* e à consciência. O desenvolvimento do *self* não implica dissolução do *ego*, que continua centralizando a consciência

---

[1] JUNG, C. G. *Fundamentos da psicologia analítica*. Trad. Araceli Elman. Petrópolis: Vozes, 1972. p. 26-27.

mas vinculado a ele como resultado de um longo e árduo processo de compreensão e aceitação de nossos esquemas inconscientes. O *ego* já não mais parecerá o núcleo da personalidade, como uma das estruturas dentro da psique.

Cada uma das principais estruturas da personalidade são arquétipos, formas sem conteúdo próprio que servem para organizar ou canalizar o material psicológico.

Jung define o arquétipo como uma potencialidade, uma predisposição formada ao longo do processo de conscientização humana, estruturas psíquicas dentro do consciente coletivo. Esse não provém da experiência pessoal, seu material é o mesmo em qualquer lugar e não varia de homem para homem, tem ligações com imagens remotas do grupo social primordial.

LIVRARIA HUMANITAS/DISCURSO
Av. Prof. Luciano Gualberto, 315
Cidade Universitária
05508-010 – São Paulo – SP – Brasil
Tel.: (11) 3091-3728 / Telefax: (11) 3091-3796
e-mail: livrariahumanitas@usp.br

HUMANITAS – DISTRIBUIÇÃO
Av. Prof. Luciano Gualberto, 315
Cidade Universitária
05508-010 – São Paulo – SP – Brasil
Tel.: (11) 3814-5383 / Telefax: (11) 3034-2733
e-mail: humanitas.disc@usp.br
http://www.editorahumanitas.com.br

Ficha técnica

Mancha	11,5 x 18,2 cm
Formato	15,5 x 23 cm
Tipologia	charlesworth12/13
	e devinne bt 20/24
Papel	miolo: Off-set 75 g/m²
	capa: Supremo 250 g/m²
Impressão e acabamento	Gráfica da Editora Paulinas
Número de páginas	184
Tiragem	500 exemplares

Impresso na gráfica da
Pia Sociedade Filhas de São Paulo
Via Raposo Tavares, km 19,145
05577-300 - São Paulo, SP - Brasil - 2008